# 공소에 스미다

# 주님이 함께하시는 길

지금까지 제가 걸어온 길을 돌아보면서 주님께 감사와 찬미를 올립니다.

2015년 「성당을 그리다」, 2016년 「성당을 새기다」, 2018년 「성지를 담다」를 부끄러운 줄 모르고 세상에 내놓았다. 2020년 지금 또 나는 부끄러운 줄 모르고 나의 여정을 담은 글을 세상에 한 번 더 내어놓고자 한다. 무엇이 나를 여기까지 이끌어 주었을까 생각하다보면 내 마음 속에서는 이 여정을 주님이 이끌어 주시고 늘 함께 해주셨다고 느낀다.

「공소에 스미다」는 2018년 12월 '성지를 담다' 전시를 끝마칠 즈음 성당과 성지보다 규모가 작으면서도 보다 우리의 삶과 밀착된 곳을 탐구하고 싶다는 생각에서 시작되었다. 주변에서 얘기해주시는 말씀들 속에서 유독 '공소(公所)'라는 것에 대해 생각이 집중되었다. 그것은 전국의 성당과 성지를 다니는 동안 만났던 되재 공소, 신성 공소, 어은동 공소 등 품위 있고 인상 깊었던 공소들에 대한 관심의 연장선일 수도 있다. 그런 와중에 전국 공소를 사진집으로 엮은 책을 접하게 되었으며, 전국 공소를 힘닿는 대로 찾아보고 다니며, 그림에 담고 싶다고 생각하였다. 또한 자연과 인간은 태초부터 서로 호흡하고 함께 해왔다고 생각하기 때문에, 대한민국 어느 곳, 어느 지방의 공소든 그 지역의 자연과 밀접할 것으로 생각했다. 우리나라는 전 국토의 70% 이상을 산이 차지하며 산마다 마을이 있고, 사람들은 그 산을 오르고 내리면서, 먹을거리도 찾고, 천주교 박해기간에는 은신처로 찾았을 거라는 생각을 하였다. 그래서 군이나 마을 단위에 있는 작은 공동체인 공소들을 방문하고, 공소 주변의 산을 등산하였다.

공소 탐방의 시작은 어은동 공소가 있는 전북 진안 지역의 공소들이었다. 여기서 공소를 찾는 것이 성당이나 성지를 찾는 것보다 훨씬 더 노력과 시간이 많이 들 것이라는 예감이 들었다. 꼬불꼬불한 산길과 물길, 마을길을 건너고, 작은 마을 단위로 공소가 있어서 그 수도 훨씬 더 많았다. 하지만, 자연과 어우러진 위치에 있는 공소의 모습이 지금은 사용되지 않은 낡은 모습일지라도 너무나 정감 있고 아름다웠다. 곳곳에 있는 성상들과 그 곳을 가꾼 사람들의 손길이 느껴지고 각각의 공소들마다 특징이 있어서 나에게 많은 이야기를 전해주는 듯한 느낌으로 다가왔다.

2019년부터 시작하여 국내 14개 교구 중 코로나19 위기 및 시간적 안배가 어려운 관계로 수원교구와 인천교구를 제외하고 12개 교구 총 225 곳의 공소를 다녔다. 미흡하지만 2021년 지금 그간의 공소에 대한 여정을 글과 그림으로 정리하고자 한다. 방문한 공소는 광주대교구(33곳), 대구대교구(21곳), 대전교구(26곳), 마산교구(23곳), 부산교구(5곳), 안동교구(18곳), 원주교구(12곳), 의정부교구(4곳), 전주교구(40곳), 제주교구(6곳), 청주교구(23곳), 춘천교구(14곳)이다. 오른 산들은 달마산(해남군), 무등산(광주광역시), 월출산(영암군), 홍도 깃대봉(흑산면), 팔공산(대구광역시), 울릉도 깃대봉(북면), 가야산(합천군), 지리산(산청군), 비슬산(달성군), 가지산(울주군), 용봉산(홍성군), 대둔산(완주군), 계룡산(공주시), 사량도 지리산(통영), 금산(남해군), 영축산(울주군), 주왕산(청송군), 청량산(봉화군), 월악산(제천시), 치악산(원주시), 심학산(파주시), 감악산(파주시), 운악산(포천시), 마이산(진안군), 모악산(완주군), 변산(부안군), 선운산(고창군), 내장산(정읍시), 한라산(서귀포시), 추자도 나바론 하늘길(제주시 추자면), 속리산(보은군), 오대산(홍천군), 설악산(인제군), 두타산(동해시), 소백산(영주시), 태백산(태백시), 백두산(중국 길림성) 등 38곳이다.

이 책에 수록된 공소작품은 광주대교구(4점), 대구대교구(6점), 대전교구(4점), 마산교구(4점), 부산교구(1점), 안동교구(3점), 원주교구(3점), 의정부교구(1점), 전주교구(6점), 제주교구(2점), 청주교구(3점), 춘천교구(3점), 공소이야기(1점) 총 41점이다. 아크릴, 유화, 오일파스텔을 섞어서 그린 작품 41점과 펜 드로잉 20점이다.

공소 그림은 다음과 같은 과정으로 그렸다. 1) 캔버스나 종이에 공소의 생명력, 어우러져 사는 사람들의 모습, 오래되고 낡음, 따뜻함, 변화, 거룩함 등을 연상하여 아크릴, 유화물감, 오일파스텔을 사용하여 프로타쥬 기법으로 뿌리고, 흘리고, 긁는 과정을 통하여 생기는 우연의 효과로 밑바탕을 만들었다. 2) 한 작품에 들어갈 공소들을 정한 후, 그 공소들의 표현에 어울리는 밑바탕을 선택하였다. 이때 공소들은 지역상 거리가 가깝거나 같은 교구, 본당을 중심으로 나누었다. 3) 형태 스케치의 소재로는 공소 건물, 종탑, 스테인드글라스, 공소 내외부에 있는 성상, 성물들, 공소에서 만난 사람들, 공소 주변의 산과 나무, 꽃, 새 등을 그렸다. 공소 주변 산들의 능선, 바위, 폭포들도 첨가하였다.

그럼 나는 공소를 왜 그리게 된 것일까?

공소는 단순히 사람들이 모여서 미사를 드리는 장소만을 의미하는 것이 아니다. 긴 세월동안 사그라지지 않는 질긴 생명력을 가지고 있다. 많은 이들의 손길, 정성, 추억 그리고 순수한 신앙들이 쌓여 있는 결정체이자 살아있는 유기체이다. 전국의 다양한 공소 225곳을 하나하나 찾아가보니 낡고 폐허가 된 공소가 있는가 하면 여전히 굳건한 신앙의 중심으로 존재하는 공소도 있었다. 안갯속 같은 과거와 현재의 기억이 교차되는 혼돈 속에서 숨은그림찾기를 완성하는 과정은 보이지 않는 무형의 질을 유형의 물질로 표현하는 힘든 과정이었다. 전국의 공소를 발로 뛰며 느낀 공소의 존재감은 신앙의 원형 이상이었다. 공소는 그 존재만으로도 든든한 정신적인 구심점이자 신앙 공동체로서 자연과 사람들 사이에서 살아 숨쉬고 있다.

지금까지의 여정을 돌아보면 공소를 찾아가는 길마다 때맞춰서 안내자가 나타났다. 그때마다 놀랍고 감사했고 내가 가는 걸음마다 주님이 인도하심을 확신할 수 있었다. 내가 걸어온 땅들, 찾았던 땅들, 우리나라 금수강산, 그 속의 사람들, 사람들의 정성, 그들의 삶, 공소를  찾아가는 나의 발걸음 하나하나마다 신의 초대이고 축복이었다.

진도의 인지 공소에서 본 글귀를 생각하며, 땅의 의미를 다시금 되새겨 본다.

거룩한 삶은
땅에 발을 딛고 서서
하늘을 우러러보는 것
어려움 속에서도
하느님을 잃지 않는 것
하느님 나라로 떠나길 원하는 것이 아니라
하느님 나라를 이곳에 만들어 가는 것

주님, 저희가 여기에서 지내면 좋겠습니다. (마태 17.4)

---

용어정의

1) 공소(公所)

본당보다 작아 본당 주임신부가 상주하지 않고 순회하는 구역의 천주교 공동체, 천주교 건축물. 신부가 상주하지 않기 때문에 본당 신부를 대리하는 공소회장(公所會長)을 중심으로 성찬의 전례가 빠진 미사형식의 공소예절(公所禮節)이 행하여진다(한국민족문화대백과사전).

2) 프로타주(frottage)

프랑스어 프로테(frotter, 문지르다)의 명사형으로, 원래 뜻은 '마루에 밀초 먹이는 일'을 의미한다. 막스 에른스트가 바위나 나무의 거친 면에다 종이를 대고 연필로 문질러 얻게 되는 이미지에 주목한 후, 쉬르레알리슴(초현실주의)의 독특한 기법 중 하나로 가리키게 되었다. 에른스트는 이것을 유화에 바꾸어 사용하여, 물질에 의해 촉발된 의식의 불안한 이미지를 표현했다(미술대사전(용어편), 1998, 한국사전연구사 편집부).

# 감사의 글

금번「공소에 스미다」저서는 나 혼자의 힘으로는 나올 수 없었던 작업이었음을 고백한다. 이 책이 나오기까지 수많은 분들의 기도와 도움, 실질적인 협력이 있었기에 가능했다.

우선 공소에서 만난 분들의 도움이 있었다. 방문 전 전화 상담에서부터 공소를 직접 안내해 주시고, 공소 예절을 보여 주시고, 공소의 역사에 대하여 얘기해 주시고, 남은 여정에 대한 축복과 기도로 함께해 주신 공소회장님과 선교사님들이 계셨다. 특히, 1박을 하면서 공소에 좀 더 동화될 수 있도록 기회를 주신 구룡 공소의 이화자 막달레나 님, 인지 공소의 김복순 필로메나 선교사님, 사리 공소의 고진석 세례자요한 선교사님이 계시다. 공소 주변에서 길을 찾지 못하여 헤맬 때는 언제나 그 동네 주변에 공소 교우분들이 나서서 길 안내를 해 주셨다. 이러한 우연한 만남에 많이 놀라워하면서 힘을 얻었다.

좋은 말씀과 기도로 영적인 힘을 주신 여러 신부님들이 계셔서 포기하지 않고 계속할 수 있었다. 김성태 요셉 신부님, 김진소 대건안드레아 신부님, 박기석 사도요한 신부님, 서강일 아우구스티노 신부님, 이호 요셉 신부님, 최황진 라파엘 신부님, 홍요셉 요셉 신부님이 가톨릭 공소를 바라보는 포괄적 시각과 공소에 대한 일반적 정보 및 안내, 완성되어 가는 그림에 대한 느낌 등을 얘기해주셔서 공소를 바라보는 관점과 그림을 그리는 방향에 큰 도움이 되었다.

나는 뭔가 일을 진행할 때 마음속의 계획을 누군가에게 말하고 지지를 받아야 일을 더 잘 진행할 수 있었던 것 같다. 정말 운 좋게도 그러한 역할을 기꺼이 해주신 고마운 주변 분들이 있어서 포기하지 않고 끝까지 할 수 있었다. 강태균 선생님, 김재권 선생님, 류연복 선생님, 백지민 님, 소빈 선생님, 유승의 선생님, 정준민 원장님, 정해준 선생님, 최비제 님은 전시를 준비하는 내내 제목 선정과 작품의 느낌에 대해 진솔하게 조언해 주고 격려해 주셨으며, 산행에 대한 정보제공과 훈련, 건강관리, 책표지 제목글과 원고교정 등 실질적 도움을 주셨다. 또한, 오랜 인연의 박청자 로사리아 대모님, 장재희 님, 박현옥 선배님, 친구 김순남, 김윤현 아녜스 님의 지지와 사랑으로 정서적 안정감을 얻었으며, 전통악기인 가야금을 통해 정과 흥을 나눠주신 송명숙 선생님, 서숙희 님, 이명식 님, 정계신 님, 정현숙 님의 흥과 나눔이 3년여의 긴 시간 동안의 전시 및 저서 준비 과정을 너무 무겁지 않게 해주었다.

이번 전시 전 3회에 걸친 성당, 성지 그림 전시에서 인연이 되어서 응원해 주신 분들이 계신다. 김광심 요셉피나 님, 김선경 님, 박영수 님, 이상애 체칠리아 님, 이은주 프란치스카 님, 이분들이 그림을 그리는데 관심을 가지고 지켜봐 주며, 내가 지쳐있을 때 정기적인 안부 인사와 기도로써 늘 새로운 힘을 주셨다. 또한, 몸담고 있는 대학의 제자인 황인정 조교는 장수 수분 공소 출신으로 옆에서 늘 씩씩하고 바른 모습으로 지내면서, 변하는 세상 속에서 과거와 현재를 잇는 실증적인 산증인 같은 느낌으로 공소를 방문하는 나에게 또 다른 사명감을 주었다. 100년이 넘은 한옥의 수분 공소에서 공동체 교우분들과 미사를 드린 것도 커다란 은총이었다.

이번 전시는 무엇보다도 작품 제작에 있어서 김명규 교수님의 지도가 있었기에 가능하였다. 프로타쥬 기법을 그림에 적용하는 것은 전에는 해보지 않았던 새로운 스타일의 그림을 그리는 것이어서 나에게는 큰 도전이었고 당연히 과정상의 오류와 시간 부족 등의 어려움이 있을 수밖에 없었다. 교수님은 공소라는 종교적 테마 선정을 이해하시고, 시작에서 마무리까지 열성을 다하여 조언 및 지도를 해주셨다.

책을 쓰겠다는 생각만 하고, 그림을 그리는 데 시간이 너무 많이 소요되어 일정상으로는 거의 불가능한 상황에서도 흔쾌히 책의 출간을 결정하고, 촉박한 일정에 맞추어 정확하면서도 창의적인 작업을 해주신 정상훈 도서출판 미디어북 사장님과 신아름 디자인팀장님이 계셨기에 「공소에 스미다」가 세상의 빛을 볼 수 있게 되었다.

2014년부터 전국의 오래된 성당을 현장 스케치하는 과정은 나 혼자만의 힘으로는 불가능하다. 전국 곳곳의 먼 거리를 동행하여 같이 운전하면서, 다양한 기후 조건 아래 낯선 장소에서 이젤을 펼쳐두고 그림을 그릴 수 있었던 것은 이 길을 함께한 길동무가 있어서 가능하였다. '성당을 그리다'의 전시를 같이 했던 김복녀 님이 바로 그 길동무였다. 김복녀 님은 이번 전시에도 틈틈이 시간과 여건이 맞으면 여정에 함께 하였다. 하루 일정에 소화하기 힘든 빽빽한 스케줄의 여러 공소를 방문하고 체력적으로도 한계를 느낀 높은 산들도 같이 올랐다. 또한 자료 정리와 전시 준비에도 탁월한 꼼꼼함과 감각으로 끝이 보이지 않는 외롭고 힘든 여정을 함께 해주었다.

끝으로 '공소에 스미다'의 준비 기간 3년은 바쁜 생활이었지만, 이 모든 것이 가정이라는 튼튼한 울타리가 있어서 가능하였다. 88세의 나이에도 건강관리를 잘하시면서 자립하여 생활하시는 아버지 윤수한 다니엘 님은 장녀인 나에게 무한한 에너지를 주시며, 아버지가 해주신 건강과 생활의 조언 몇 가지를 실천한 것만으로도 3년여 동안 아프지 않고 잘 지낼 수 있었다. 가정의 든든한 울타리가 되어줄 뿐만 아니라 산행과 공소 방문에도 함께해 준 남편 이영진 야고보와 바쁜 엄마에게 불평 한마디 없이 이해해 주고 지지해 주고 자신들의 꿈을 펼쳐나가는 두 딸 이수민, 이규림 스텔라, 진정한 사랑과 베품을 느끼게 해 주신 이병완 시어머님, 한 뿌리에서 난 자매로서 걱정해 주고 함께 길을 가는 윤선정 베로니카와 그 가족들. 이들 모두의 관심과 사랑이 있었기에 나의 작은 시도는 비로소 결실을 맺을 수 있었다.

지금은 하늘에 계신 박복희 수산나 어머니와 남동생 윤재호, 이석호 시아버님도 함께 기억하면서 감사의 글을 마칩니다.

"하느님, 부족한 저를 이끌어 주시고 함께 하여 주셔서 감사합니다. 과정 중에 있는 저의 작은 결실을 하느님께 바칩니다."

2021. 6.

광교산이 보이는 작업실에서 윤영선 비비안나

| 서평 |

# 신앙의 고향 공소

김성태 요셉 신부 (내포교회사연구소장)

소설 '돈키호테'로 유명한 스페인의 푸에르토 라피세 (Puerto Lápice) 마을을 방문한 적이 있다. 마을 한복판에 있는 수백 년의 역사를 지닌 '착한 의견의 성모성당'은 작고 수수한 분위기가 소박한 분위기의 마을과 잘 어울렸다. 성당의 모습도 인상적이었지만 무엇보다 갑작스런 방문객을 친절하게 맞아주던 젊은 본당 신부와 현지의 교우들이 지금도 기억에 많이 남아있다. 그때 신부님은 우리에게 이런 말을 건넸다. "나는 이곳에서 동양 사람들을 자주 보는데 어느 나라 사람인지 구분하지 못합니다. 하지만 한국 사람들은 구별할 수 있습니다. 성당에 들어오자마자 카메라를 터뜨리는 사람들과 달리 한국 사람들은 기도부터 먼저 하기 때문입니다." 나는 기도하는 한국인의 모습이 그에게 각인되었다는 사실에 흥미롭고 기분이 좋았다.

좋은 기억을 오래 간직하려는 것이 인지상정인지라 이를 위해 현장을 직접 찾아가고 사진을 찍거나 스케치를 하며 일기를 쓰는 일은 자연스러운 행동이다. 그럼에도 불구하고 신부님의 말이 잊히지 않는 까닭은 신앙유산을 대하는 순례자의 자세를 일깨워주었기 때문이다. 문화유산을 체험하는 가장 좋은 방법은 본래 목적대로 사용하는 것이다. 성당에서 기도하는 것이야말로 성당을 진정으로 향유하는 가장 탁월한 방법이며 성당과 하나 되는 유일한 방법이다.

나는 윤영선 비비안나 작가를 그의 책과 인쇄된 그림으로 처음 만났다. 그 후 합덕 성당 미사에서 함께 기도하였고 순교자의 이름을 불러가며 성지를 공감한 적이 있었다. 그는 바쁜 시간의 틈을 비집고 먼 길도 마다않고 성지와 성당을 경건하게 향유하며 그 거룩함의 일부가 되려고 하였다. 그렇게 할애된 시간과 노고 끝에 완성된 성당과 성지에 깃든 이야기들이 화폭에 담겨진 걸 보면서 놀라워했다. 화가는 성당과 성지를 그린 것이지만, 그림은 화가를 말하고 있었고 그가 만난 사람들과 신앙을 그려내고 있었기 때문이다.

얼마쯤 세월이 흐른 후 이번에는 공소를 순례한다는 그의 소식이 무척 반가웠다. 뜨거운 태양을 짊어지고 혹독한 칼바람을 끌어안으며 거친 순례길 위에서 자신의 생 일부를 다시 소진해 갈 거라고 짐작하였다. 잊힌 공소를 찾고 그 곳에서 늙은 교우들을 만나고 함께 이야기를 나누며 같이 기도하였다는 말을 들었다. 이는 그가 다시 공소꾼이자 공소가 되어간다는 말이었다. 머지않아 자신이 되어버린 공소의 추억이 화폭 속의 이야기가 되어 도래하리라 기대하였다.

오늘날의 공소는 삶의 분주함에 밀려 잃어버린 고향과 같다. 신앙에도 고향이 필요하다면 그곳이 바로 공소라고 말하고 싶다. 세련된 언어로 정성껏 기도할 수도 있지만 투박하고 모자란 우리의 솔직한 모습이 더 좋은 기도가 될 수 있다. 공소는 투박한 그대로 솔직하고 순수하다. 그래서 하늘과 가깝다. 하느님께 올려질 기도의 재료는 진실이기 때문이다. 나는 공소 출신도 아니고 이른바 '태중교우'도 아니다. 교우들을 만나고 그들과 신앙을 공유하면서 보편적 신앙의 고향이 공소라는 걸 깨닫게 되었다. 그들은 "우리 아버지 어머니 할머니 할아버지가 열심히 신앙하였다"라는 말을 자주 되뇌었다. 그 말에는 애틋한 추억이 서려있다. 조상으로부터 상속 받은 신앙을 간수하지 못한 아쉬움이 배어있고, 엄마 품처럼 따뜻한 신앙으로 회귀하고픈 그리움이 함께 내재되어있다. 꾸미지 않아 못 생긴 어머니라도 우리 엄마라서 좋고 편안한 것처럼 투박한 공소는 기어이 돌아가고 싶은 그리움의 원형이자 신앙의 동력이다.

이야기가 되어 돌아온 비비안나 작가의 공소에서 못생긴 어머니가 보였다. 투박하고 세련되지 못한 고향이 보이고 아무 때나 찾아가도 넉넉히 받아줄 것 같은 촌스런 사람들과 그 사이에 어우러진 작가 자신이 보였다. 저 이야기 속 어딘가에 나의 그림자를 얹으면 공소는 나의 역사가 되고 나의 신앙이 될 것이다. 나는 그림을 잘 알지 못하지만, 작가가 전하는 공소를 향유하는 탁월한 방법을 알고 있다. 이미 공소의 일부가 되어버린 작가는 신앙의 고향으로 우리를 회귀하도록 이끌어주기 때문이다. 그저 그 앞에 서서 화폭이 말해주는 따뜻한 추억을 회상하기만 하면 된다. 거기서 편안한 품을 느끼고 그저 그 앞에 서서 그림 속 어딘가에 자리를 잡고 앉아 함께 기도를 드리면 될 것이다.

| 서평 |

# 몸부림을 시각화한다

김명규 (홍익대학교 미술대학 교수)

윤 작가의 그림 준비과정은 마치 사도 바울의 여정에서 나타나는 현상을 보는 듯하며 버코프가 말하는 아름다움은 질서(Order)와 복잡성(Complexity)이란 상관관계에서 볼 수 있다. 버코프의 공식 M=O/C에서 네그엔트로피(negentropy)와 엔트로피(entropy)의 함수관계가 나타난다. 인간의 신심의 발원이 네그엔트로피 그리고 공소의 존재를 재구성하는 행위를 창조의 엔트로피로 가정한다면 공소를 작품화하는 것은 작가에게 육과 영적 매개의 관계를 증명하는 미적 음율의 시작점이 되는 것이다.

오랫동안 윤 작가는 공소에 담겨있는 신성과 인성의 연관성을 (O)와 (C) 관계로 연구하고 추적해왔다. 마음에는 명확한 형태나 언어로 정의를 내릴 수 없다고 작가는 정의했지만 공소를 통하여 명확하지 않은 내적 떨림의 필연성을 찾아내고 그것을 그림 위에서 그들의 합목적성의 관계로 그려낸다. 만물에 스며있는 비형질의 신심을 붓의 터치로 이끌어내고 공소와 그 주변의 이미지의 구성 속에서 우연 속에 합일이 존재하는 것을 증명하는 것이다. 여기서 우연과 합일이라는 두 극적인 조형적 언어는 음양의 관계처럼 화면에서 채움과 비움 그리고 색과 선의 뿌림과 시각규칙의 재현으로 나타난다.

표현 방법으로 안료의 흩뿌려진 엉킴을 통해 작가가 우연의 행위에서 만들려고 하는 것 그것은 (C)다. 반대로 그 위에 그림을 구성할 소재와 그들 요소간의 연결고리를 찾기 위해 각각의 크기와 간격으로 배열하는 것은 치밀한 계산이 만들어내는 합일(O) 바로 그것이다. 마치 리듬과 멜로디가 서로의 조화를 만들어가듯 계산된 합일과 우연 그리고 무의식의 터치는 작가의 의도와 상관없이 생성되었다가 소멸되어 무관심 속에서 미적 합일을 이룬다.

작가가 그림을 준비할 때 밑그림의 준비과정은 불협화음 그 자체이다. 붓의 움직임이 거칠고 강렬한 행위에 대해 작가는 그림과의 에너지 교류를 언급한다. 이때 색의 안배에는 계산이 없다. 작가는 “모든 감동은 에너지에 있다”라고 말하며 최대한의 에너지의 카타르시스를 붓의 자유로운 운용에서 찾는다. 그 위에 공소가 그려져 작가의 행위의 흔적은 시각적으로 사라지나 결국 그림 속 내재된 에너지는 서서히 그림 위로 발산되어 그림의 힘이 되는 것이다.

가능성을 찾기 위한 무한행위로 보이는 도입부분의 특별한 규칙 없는 드리핑은 절대적 예정의 미를 탐닉하는 전초가 되기도 한다. 색 고유의 내적 파동은 주변과 그들의 침묵적 파동의 배열로서 스스로를 내세우지 않고 주변의 그들과 우연히 결합해 들어간다. 여기서 우연함은 작가의 의도에서 벗어나고 무의식의 광기처럼 보이나 그것은 이미 맞춰져있는 배열이다. 작가의 붓터치는 복잡한 퍼즐이 자기 자리를 찾아가듯 붓과 색알갱이들이 쌓이고 엉켜 점점 조형적 완성을 이루어간다. 마치 태초에 우주의 질서가 만들어져 가듯 작가의 무의식적 몸부림은 이미 존재하는 질서의 반영을 흩뿌림으로 재현한 것이다.

작가의 그림에서 형태의 개별성은 세포의 아폽토시스(apoptosis) 그것이다. 작가에게 형태가 주는 사물 개체의 본질적 의미는 메타포적 표현이므로 그림에서 각각의 개체인 성물과 풍경은 스스로 희생되어 변형되고 결합되면서 새로운 도시가 형성되어 나타난다. 이것은 생물이 존재하는 원리처럼 자연스러운 결과이다. 공소가 주는 사물 개체의 개별적 의미가 포함된 역사성은 이미 밑그림의 터치에서 나타난다. 그림 상에서 재현의 의미를 두지 않기 때문에 이 행위는 더욱 자연스럽고 힘이 넘쳐난다. 터치가 쌓여갈수록 그림의 질서는 전체의 어울림으로 이끌려간다. 그것은 작가의 화면에 뿌려진 색과 형태 개체의 운명이 자기 책임분담이 반 이상 일어나고 조형의 미적 법칙이 신의 절대예정 위에 얹혀 일어나는 것을 믿기 때문에 확신의 터치가 되는 것이다.

이번 전시준비는 작품 제작에서 시간적 안배는 불가능의 영역이다. 220여 곳의 공소를 일일이 찾아 헤매는 과정과 그 여정 속에 담긴 내적 떨림의 시각화를 위해 공소와 성물 그리고 주변의 산세까지 일일이 끌어당겨 어울림을 만드는 과정에서 작가의 신심은 높다. 아주 짧은 시간에 작가는 행위를 함축해서 작품을 만들려고 하고 있기 때문에 물리적 시간으로 이룰 수 없는 것에서 초월적 구원자의 약속과 그것을 이루려는 간절함이 고스란히 녹아있다. 신앙인의 순종과 신을 바라보는 믿음이 그림속의 공소와 성물이다. 허술해 보이나 눈으로 정의된 색의 허상만을 쫓는 것도 아니다. 경험으로 만들어진 계산된 배치를 떠나는 순간 신이 우리에게 불어넣어주는 영감으로 화면에 자연스러운 배치를 신속하게 만들어 가는 것은 신심의 표상 그 자체이다.

새벽을 깨우고 아침 햇살이 뜨는 오지의 공소 그 순간을 사진에 담아내며 각각의 공소지킴이들과 대화를 나누고 호흡하는 매순간은 한 치도 어긋남 없는 신의 理를 찾는 것이며 생동하며 불규칙하게 움직이는 작품 속에서 작가의 붓은 氣로서의 상징이다. 이번 전시는 그들의 합일의 여정으로 보인다.

## | 차 례 |


책을 내면서 | 주님이 함께하시는 길 • 2

| 감사의 글 • 6

서평 | 신앙의 고향 공소 _ 김성태 요셉 신부 • 10

| 몸부림을 시각화한다 _ 김명규 교수 • 12

공소방문과 공소그림 과정 • 17

### | 광주대교구 |

고당, 과역, 관산, 금성, 동강, 별량, 석교, 성전, 영전, 예락, 인지, 화원, 황산 공소 • 22

강정, 기동, 동강, 봉황, 석정, 신계, 호혜, 환학동 공소 • 32

매남, 본량, 삼도, 석곡, 인암 공소 • 38

고장, 구영, 대율, 사리, 신석, 신장, 홍도1구 공소 • 44

### | 대구대교구 |

개령, 도흥, 동원, 박곡, 봉한, 송림, 수륜, 아천, 아포, 연흥, 월항 공소 • 54

백안, 와촌, 자천, 하빈, 하산 공소 • 64

구룡, 동곡, 지슬 공소 • 70

구룡, 동곡, 지슬 공소 • 76

태하, 현포 공소 • 81

가실성당 • 88

### | 대전교구 |

면천, 백석, 삼봉, 상리, 새터, 세거리, 세류리, 신촌리, 양촌, 원머리, 원치리, 음섬, 하흑 공소 • 94

구정리, 상홍리 공소 • 102

노송, 사기점골, 사랑골, 요골, 정안 공소 • 106

갈매울, 마전, 만수리, 상월, 용당리, 은진 공소 • 112

### | 마산교구 |

미조, 은점, 사량 공소 • 120

가배, 두동, 북천, 사봉, 산달, 영신, 율포, 장암, 탑포, 학동, 황리 공소 • 126

삼가, 신원, 쌍백, 야로 공소 • 134

공배, 문정, 상중, 생초, 예성 공소 • 140

| 부산교구 |

남산, 무안, 살티, 순정, 하선필 공소 • 148

| 안동교구 |

낙동, 남적, 모서, 성심, 신상, 아천, 용포, 청리, 화동 공소 • 156
당포, 동로, 신현 공소 • 164
갱화, 신락, 쌍호, 입암, 재산, 청기 공소 • 170

| 원주교구 |

귀래, 대안리, 학산, 황둔, 후리사 공소 • 178
근덕, 남평, 삼화 공소 • 184
금대, 오상골, 창촌, 추동 공소 • 190

| 의정부교구 |

갈곡리, 대광리, 장파리, 주내 공소 • 198

| 전주교구 |

봉암, 부귀, 수항, 소토실, 어은동, 장재동, 평촌 공소 • 206
한들 공소 • 216
무풍, 번암, 설천, 수분, 철목, 하동 공소 • 220
되재, 미남, 백석, 백자, 삼기, 석동, 수청, 신등, 신암, 신전, 용지, 월성, 익산 공소 • 226
능교, 동막, 등천, 신기, 신성, 쌍치, 종산, 태인 공소 • 234
돈지, 마포, 신광, 심원, 창북 공소 • 242

| 제주교구 |

마라도, 세화, 조수, 청수, 화순 공소 • 250
추자 공소 • 258

| 청주교구 |

덕생, 문촌, 보천, 봉암, 상평, 쌍봉, 소이, 유포리 공소 • 266
능암, 모남, 산척, 샘말, 수상, 영죽 공소 • 274
가흥, 문동, 백곡, 비룡, 사곡, 새울, 지게바위, 초평, 회인 공소 • 280

## | 춘천교구 |


관인, 대마리, 마현, 문혜, 양문 공소 • 292

곰실, 광판, 실레마을, 오음리 공소 • 298

교암, 남면, 천도리, 학야리, 행정 공소 • 304


## | 공소후기 |


| 공소후기 | • 314


## | 부 록 |


공소주소록 • 320

방문한 공소와 산 • 331

본문 내용구성 • 334

펜드로잉 • 346

참고도서 및 사이트 • 350

# 공소방문과 공소그림 과정

전국의 공소를 방문하고 그 느낌을 그림에 담고 싶다는 생각을 2019년 새해를 맞이하면서 하게 되었다. 전국의 오래된 성당을 방문하는 과정에서 어은동 공소, 신성 공소, 되재 공소를 알게 되었으며, 공소가 우리 선조들의 신앙의 뿌리이며, 작은 마을 단위의 신앙공동체의 중심으로 느껴지고 그 모습이 정겹고 우아하고 아름다웠다.

전북 진안의 어은동 공소를 시작으로 주변 마을 단위에 있는 공소들을 방문하고 처음에는 많이 당황하였다. 성당, 성지와는 다르게 공소는 군, 면 단위로 소규모로 분산 배치되어 방문하는데 훨씬 더 시간이 많이 소요되었고, 정확한 주소를 자동차 내비게이션에 의지하여 산길을 달려 목적지에 도착하여도 금방 눈에 안 들어와서 주변을 헤맬 때도 있으며, 공소의 문이 열려있는 경우보다 닫혀있는 경우가 더 많았다. 문이 닫혀있는 경우에는 문에 적혀있는 연락처로 연락해서 공소회장님이나 선교사님께 도움을 받기도 하고, 때로는 공소 주변에 계신 신자 분들이 공소의 열쇠 보관 장소 등을 알려주셨다. 공소에 방문하는 횟수가 늘어날수록 공소를 대하는 마음도 친숙해지고 공소에 숨겨진 아름다움을 점점 인지하게 되었다. 시간이 가면서 점차 공소 대문을 열고 공소 내부로 들어가는 것에 익숙해져갔다.

공소를 찾아가는 길이 멀고 그 수도 엄청 많았지만, 공소가 위치한 현장에 직접 가보면, 사진을 통해서 본 공소의 모습과는 다르게 생생한 느낌의 공소와 주변 환경들과의 관계를 눈으로 보고 마음에 담을 수 있었다. 공소를 방문할 당시의 계절과 날씨, 방문 시간에 따라 받는 느낌이 달랐으며 그것은 공소 그림을 그릴 때에도 영향을 주었다.

공소를 다녀보니 정말 우리나라에는 산이 많다라는 생각이 들며, 사람의 삶과 거주지가 산과 아주 밀접하게 관련되었다는 생각이 들었다. 종교 박해를 받은 선조들이 숨어서 산 곳도 산이며, 옹기종기 모여 사는 마을들도 산 너머 이곳저곳에 있었다. 산에서 식재료도 구하고 땔감도 구하고 건강을 위해 운동도 하고 생각을 넓혔을 것 같다. 실제로 지금도 예전과 마찬가지로 공소 식구들이 건강과 친목을 위해 주변 산을 같이 등산하고 산책하고 있다.

이렇듯 자연과 인간이 서로 호흡하고 영향을 미치고 공존하고 살아가기 때문에 예나 지금이나 공소 주변에 사람들이 많이 찾는 산을 오르면 좋겠다는 생각을 하였다. 공소를 테마로 그림을 그려야할 때 그 표현 기법이나 방법이 안갯속처럼 모호하였기 때문에 산을 등산하면서 공소와 함께 산을 그림에 담아야겠다고 마음먹었다. 이런 생각이 처음에는 시간 분배와 체력 면에서 무모한 도전이라 과연 해 낼 수 있을지 회의적이었지만, 시간이 갈수록 산을 오르면서 기도도 하게 되고 우리나라 금수강산을 더 잘 인지하게 되고, 산과 공소의 느낌을 연결지어서 바라볼 수 있게 되었다. 이러한 생각은 그대로 그림에 반영되어 41점 그림의 내용 구성에서 대부분 산의 풍경이 공소와 함께 들어가게 되었다. 즉 공소가 있는 무대의 주변 배경이 산이 되는 것이다.

공소 그림에 담은 내용구성은 다음과 같다. 공소의 건축적인 외관과 실내 공간 모습, 공소에서 만난 사람들, 공소주변의 산, 구름, 새, 나무, 꽃 등이다. 그리고 공소에 있는 예수님, 성모님, 성인, 천사 등의 성상들, 감실, 제대, 종, 종탑, 스테인드글라스, 묵주, 성수대, 초, 가구, 의자, 방석 등이다. 방문한 그 순간에 인상적으로 보고 느끼고 담은 모습들이다. 특히나 성상과 성물은 하느님의 거룩함을 인간이 아름답게 만들고 쓰는 사람이 정성껏 가꾸어서, 오래된 것일수록 그 울림이 더 크게 다가왔다.

공소 그림은 우선 바탕에 형태와 색을 혼합하고, 물감에 물을 섞어서 뿌리거나 흘리고, 중첩시킨 후 긁고, 그 위에 인체 군상이나 공소 주변의 산과 바위, 폭포 등을 선과 면으로 그리고 지우기를 반복하였다. 재료는 오일파스텔, 유화, 아크릴을 사용하였으며, 서로 다른 재료끼리 잘 융합되는 것도 있고, 이질적으로 서로 스며들지 않는 재료들도 있다. 이 모든 과정을 거쳐서 마음에 들 때까지 밑바탕을 완성하고자 하였다.

완성된 41개의 캔버스는 그들 나름의 이야기와 개성을 가지게 되었다. 공소 그림은 방문한 12개의 교구별로 구분하여 그렸다. 같은 교구 내에서도 같은 지역, 같은 본당별로 공소들을 분류하였다. 같은 지역에 속하는 공소의 숫자가 많을수록 큰 캔버스에 그렸다.

산을 오르면서 든 생각이다.
시간의 흐름과 자연의 변화 속에서 변하는 것과 변하지 않는 것은 무엇인가.
변하는 건 물질이고 변하지 않는 것은 정신이지 않을까.
공소에 스민 선조들의 정신도 후대에 지속적으로 전달되지 않을까
변하지 않는 정신을 담은 공소는 그 자체로도 보석이다.

본문에는 교구별 그림에 포함된 공소들의 이름을 가나다순으로 나열하여 방문기와 그림작품, 공소 위치도를 실었으며, 공소가 속한 본당과 주소, 설립년도 등은 부록에 첨부하였다.

# 광주대교구

고당, 과역, 관산, 금성, 동강, 별량, 석교, 성전, 영전, 예락, 인지, 화원, 황산 공소

강정, 기동, 동강, 봉황, 석정, 신계, 호혜, 환학동 공소

매남, 본량, 삼도, 석곡, 인암 공소

고장, 구영, 대율, 사리, 신석, 신장, 홍도1구 공소

# 고당, 과역, 관산, 금성, 동강, 별량, 석교, 성전, 영전, 예락, 인지, 화원, 황산 공소

6월 초, 전남 월출산의 바람이 세지 않을까 걱정하며 숙소에서 12시 너머 늦게 출발했다. 역시 명성대로 운무 속에 보이는 기암들이 연못 속에 우뚝 서 있는 듯하다. 월출산 국립공원사무소에 주차를 하고 바람폭포, 광암터, 통전문을 거쳐서 천왕봉 정상에 올랐다. 구정봉과 억새밭(미왕재)을 지나 하산하는데, 도갑사까지 4.3km나 남아있는 상태에서 시간은 오후 5시 30분이었다. 랜턴도 없는 상태라 급하게 뛰어서 내려오는데, 나비가 숲속 온 천지에 있어서 급하고 불안한 마음에 위안을 주었으며, 내려오는 길에 도갑사 스님을 만나 길안내를 받은 덕분에 우리를 끝으로 사찰의 수위 아저씨가 마지막으로 도갑사의 문을 닫을 수 있었다. 몹시 힘든 여정이지만 목적지에 도착해서 뒤돌아본 월출산 위에는 초승달이 예쁘게 떠 있으며, 기암괴석을 품은 월출산의 멋진 산그림자가 나를 내려다 보고 있다.

지난번에 방문했을 때 지나가는 길손에게 커피와 바나나로 환대를 해주신 진도 인지 공소 김복순 필로메나 선교사님을 만나러 새벽길을 나선다. 새벽 6시경 고속도로 차령터널 입구 앞에서 자동차가 갑자기 멈춰서는 바람에 갓길에서 비상등을 켜고, 견인차를 부르고 차에서 나가 서 있었다. 11월 말인데 하늘을 보니 초승달이 떠 있고, 다행히 날씨는 이틀 전보다 따뜻해져 있다. 잠시 묵주 기도를 하고 있는데 고속도로 순찰차가 와서 안전 조치를 취해주고, 차를 견인하여 천안에 있는 공업사에 들려 렌터카를 빌리는 우여곡절 끝에 석교 공소의 오안나 자매님을 만나 진도의 첨찰산을 산행하고 인지 공소에 도착했다.

인지 공소 선교사님의 배려로 공소에서의 생활과 공소 예절과 미사 준비 등을 선교사님 곁에서 지켜볼 수 있다. 선교사님이 차려주신 맛있는 저녁을 먹고 진도 본당에서 토요일 저녁미사를 같이 드리러 간다. 일요일 아침 6시에 선교사님은 공소 제대 앞에서 묵상한 후 오늘 신부님 미사가 있는 관할 석교 공소에 미리 가서 미사 준비를 했다. 공소 식구들을 위해 차량운행도 하신다. 옆에서 바라보는 선교사님의 삶은 그분의 말대로 '베품과 나눔의 삶'이며, "내 입장이 아니라 그 사람 입장에서 기다리는 삶"인 것 같다. 묵주 기도를 통해 쉬는 교우들을 나오게 해달라고 기도했는데, 쉬는 교우 네 분이 나오셔서 추수감사절에 사람 추수까지 해주셔서 감사하다고 하신다. 선교사님의 어머니가 공소회장이셨으며, 아버지가 신자가 아니신데 집을 공소로 내주셨다고 하니 신앙의 뿌리가 대대로 이어져 내려오는 것 같다. 상담사 자격증이 있으며, 마을 어르신들의 고충도 들어주시고 잘 지내시는 모습에서, 그리고 새벽녘 공소를 지키고 주님과 함께 하루를 시작하고 준비하는 모습에서 예수님의 모습이 느껴진다. 인지 공소를 떠나 달마산을 산행하는 나를 위해 보라색 우비까지 챙겨주신다. 마지막까지 인자한 예수님을 닮은 모습이시다. 해남 달마산은 비 온 뒤라 하늘이 맑고, 산 능선을 따라 걸으면서 저 멀리 바다와 섬들의 멋진 풍광이 펼쳐진다. 산을 오르고 걸으면서 '잘하려고 하지 말고, 최선을 다하자' 라는 마음으로 기도한다. 삶은 늘 이런 저런 일들로 인간을 둥글게 둥글게 만들어주는 것 같다. 힘든 산행 시 한발 한발 내딛는 것처럼 늘 기도하면서 후회 없이 살아가야겠다.

해남의 공소를 방문하기 전에 우선, 김광심 요셉피나 자매님을 만났다. 자매님은 전복죽을 손수 만들어 주시고, 진도아리랑의 고장답게 '사철가'도 불러주신다. 역시 우리나라 사람들은 이렇게 흥도 많고 이웃과 나누기를 잘하는 선한 민족인 것 같다.

6월 초순에 방문한 해남 고당 공소는 마을 입구에서 보면 하얀 건물과 지붕의 돔, 하얀 십자가가 나무숲들 사이에 보인다. 그 모습이 동화 속에 나오는 예쁜 작은 성 같다. 우리를 향하여 하얀 예수님이 두 팔 벌려 반겨 주신다. 성모동산에는 분홍 철쭉꽃과 관목들로 에워싸여 있고, 성모님 머리위에는 장미 넝쿨의 붉은 장미가 아름답다. 공소 건물은 하얀색 외벽과 오렌지 색 지붕을 가지고 있다. 공소에는 성체가 모셔져 있고, 흰색 벽에 박공천장, 스테인글라스 창이 있는 밝은 분위기이다. 마당에서 만난 작은 강아지가 너무 순하고 귀엽다.

고흥 과역 공소는 둥근 뒷산을 배경으로 도로변에 돌로 축대를 쌓아서 계단을 두고 그 위에 위치하고 있다. 천주교 과역성당이라고 쓰인 아주 큰 팻말이 세워져 있다. 문은 닫혀 있으며, 마당에는 성모자상이 계신다. 성당 주변에는 서울이나 경기 지역에서는 보기 드문 무화과나무에 무화과가 잔뜩 달려있다. 가로로 긴 붉은 지붕이 보이는 장흥 관산 공소는 도로변에 작은 담을 경계로 두고 있는데, 큰 나무와 성모님의 모습이 도로변에서도 보인다. 오래된 시골집 같은 편안한 느낌이 든다. 순천 금성 공소는 송광사 근처에 있으며, 성모님은 세월에 많이 낡았지만 그 모습 그대로 기도하는 모습이 아름답다. 고흥 동강 공소는 부지가 넓어서 대문을 지나면 바로 성모동산이 있으며, 성모님 앞에 누군가가 두었을 분홍 수국이 방긋 웃고 있다. 공소는 언덕길을 따라 올라가면 언덕 위에 자리 잡고 있다. 최근에 리모델링되어서 전통적인 느낌과 현대적인 디자인이 절묘하게 어우러진 단아한 분위기의 공소이다.

순천 별량 공소에서는 선교사 부부를 만났다. 마침 그 날이 예수성심의 날이라 붉은 백합을 봉헌한다고 하신다. 공소에는 성체가 모셔져 있으며, 전통 창살로 창문이 되어 은은하게 빛이 들어온다. 성 알퐁소의 말씀이 게시판에 붙여져 있다. 말씀을 보고 나는 공소 순례를 온전한 마음으로 다니는지 나 자신에게 물어본다.

온전한 마음으로 들어오라. 홀로 머물러라. 다른 사람이 되어 나가자.

새벽 6시경 미사 준비하실 선교사님과 진도 석교 공소에 들린다. 새벽녘 깜깜한 가운데, 공소의 불 밝힌 현관 모습이 거룩한 느낌으로 다가온다. 공소에는 최근에 귀촌하신 분이 총무이며, 꽃꽂이 전례를 하신다고 하는데, 제대의 꽃이 세련되고 아름답다. 주님은 다 마련해 주시고, 신앙의 테두리 안에서는 타지에서 온 사람도 쉽게 공동체에 어울릴 수 있는 것 같다.

강진 성전 공소는 월출산 인근에 위치하며 길가에 위치한다. 2층 서양식 주택 외관의 모습이고, 소나무와 여러 정원수, 꽃들이 잘 가꾸어져 있다. 현관입구 지붕 위에는 예수님이 시원한 하늘을 배경으로 두 팔 벌려 반기고 계신다. 해남 영전 공소의 마당에서는 너른 논밭 너머로 공룡능선 같은 굴곡의 멋진 달마산의 모습이 펼쳐지고 있다. 그 앞에 성모님이 머리를 숙이시고, 두 손 모아 기도하고 계신다.

해남 예락 공소는 오래된 역사를 가지고 있으면서도 외관이 귀엽고 말끔하다. 특히 종탑과 건물 정면부 현관 위 사각 기둥에 있는 하트 모양이 인상적이다. 정원에는 예락선교 백주년의 기념돌이 있으며, 정원수와 나무, 꽃들이 잘 가꿔져 있다. 분홍빛 산수국도 초록잎들 사이에 예쁘게 피어있다. 위에서 긴 에피소드로 소개한 진도 인지 공소는 대문 안에 시골 마당이 있는 여느 집과 다르지 않은 친숙한 모습이다. 마당에는 예수님과 성모님이 비스듬히 마주 보고 기도하고 계시며, 수많은 꽃들이 꽃동산을 일구고 있다. 공소 안에는 얼마 전 추수감사절에 봉헌된 커다란 호박이 놓여 있다.

해남 화원 공소에서 요셉피나 자매님과 같이 저녁 미사에 참석했다. 화원 공소의 높은 계단길을 어르신을 모시고 한 형제분이 올라가고 있다. 공소의 진입부는 계단과 뒷마당 두 군데이다. 서해안의 저녁노을이 공소를 더욱 따뜻하게 보이도록 하고 있다. 해남 황산 공소는 규모가 상당히 크며, 감실이 있다. 공소 마당은 잔디로 되어있으며, 김대건 신부님 상이 반겨주고 계신다.

강진, 고흥, 순천, 장흥, 진도, 해남(달마산, 월출산)_162.2 x 97.0cm mixed media

❶ 인지 ❷ 석교
❸ 예락 ❹ 화원 ❺ 고당
❻ 황산 ❼ 영전 ❽ 성전

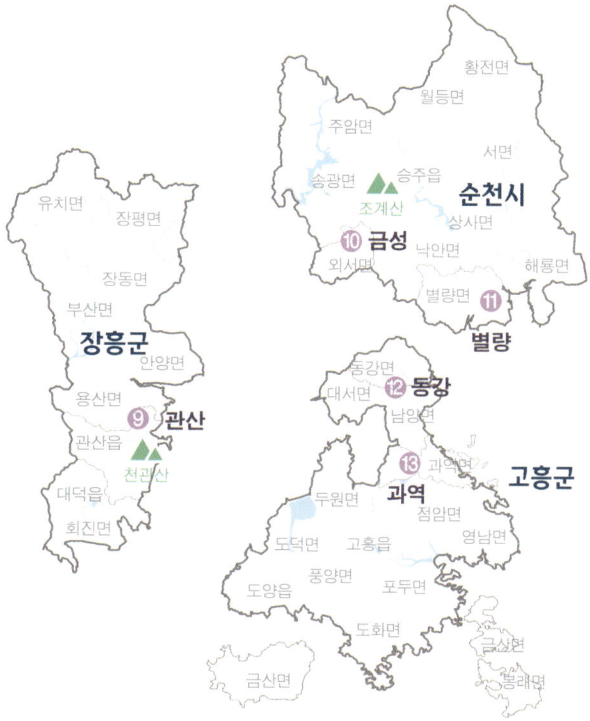


⑨ 관산 ⑩ 금성
⑪ 별량 ⑫ 동강 ⑬ 과역

# 강정, 기동, 동강, 봉황, 석정, 신계, 호혜, 환학동 공소

6월 초 무안 강정 공소를 찾아가는 길은 바다와 염전이 보이는 이채로운 풍경이다. 공소를 다니면서 전국 마을 곳곳을 잘 보게 되어 시야와 사고의 폭도 넓어지고, 그러면서 얻게 되는 뭔가가 있다. 공소는 문이 닫혀 있고 성모님이 노란 장미 옆에서 두 손 모아 기도하고 계신다. 무안 기동 공소로 들어가는 길목엔 양 옆에 키 큰 소나무가 열을 지어 서 있고, 정자가 있고 주변에 다른 건물이 없어서 비밀의 정원 같은 느낌이 든다. 공소 문은 닫혀있으며, 구름 속에서 눈부신 태양 빛이 공소 십자가 위에 걸려 비추고 있는 모습이 신비롭다. 분홍색 산수국이 한창 피어나고 있다.

천관산에서 영암 월출산을 지나 오다보면, 영산강 옆에 나주 동강 공소가 있다. 공소는 붉은 벽돌로 지어져 있으며, 하느님의 집이라는 글이 현관 출입구 벽에 새겨져 있다. 나주 봉황 공소에는 제대 앞에서 꽃꽂이에 한창인 자매님이 있는데 꽃의 향기가 좋고 아름

답다. 이곳은 작은형제회 수도회 신부님이 상주하는 공소로 관리가 잘 되어있고 감실이 있다. 창호지를 사용한 전통 한옥스타일의 창호가 인상적이다.

함평 석정 공소는 매우 작은 크기의 성모님이 우편함 크기의 나무상자 안에 계신다. 주변에는 선인장에 노란색 꽃이 피는 중이다. 오전 7시경에 도착한 함평 신계 공소는 새소리가 유난히 많이 들렸으며, 공소 양 옆에 큰 키의 야자수가 있어 이색적이다. 일반 집 같은 크기여서 금방 눈에 안 띄지만 그래서 친근하고 주변 환경에 자연스럽게 스며들어 있는 느낌이다. 어디를 가더라도 대부분의 공소는 종교 건물의 상징으로 부각되기보다는 생활에 어우러져 호흡하는 편안하고 소박한 느낌이 공통점인 것 같다. 나주 호혜 공소 마당에는 설립연도가 1954년이라고 새겨진 비석이 있으며, 성전내부에는 감실이 있다. 한옥스타일의 창이 예쁘고 햇볕이 잘 들어온다.

회산백련지 방향의 표지판이 보이는 곳을 따라가니 무안 환학동 공소가 나타난다. 공소가 설립된 지 무려 100년이 넘었다고 한다. 문이 잠겨 있어서 전화를 거니 주변에서 농사일을 하던 공소회장님이 오셔서 직접 안내해 주신다. 예나 지금이나 공소는 공소 주변의 사람들이 서로 가꾸고 지키며, 하느님 말씀을 따라 일상적인 삶을 살아가는 장소라고 느껴진다.

Y.S.Yoon
21

나주, 무안, 함평_72.7 x 53.0cm mixed media

나주시
노안면
문평면
금성산
남평읍
산포면
③ 호혜
다시면
왕곡면
공산면
② 봉황
① 동강
봉황면
다도면
세지면
반남면
동강면
덕룡산

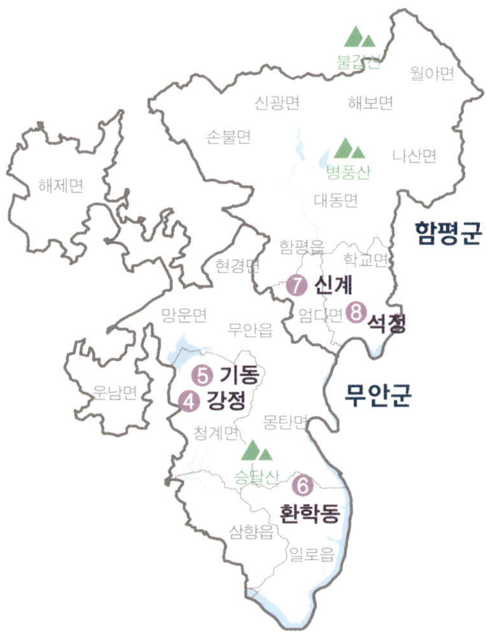
불갑산
월야면
신광면
해보면
손불면
병풍산
나산면
해제면
대동면
함평군
함평읍
학교면
현경면
⑦ 신계
엄다면
⑧ 석정
망운면
무안읍
⑤ 기동
④ 강정
무안군
운남면
몽탄면
청계면
승달산
⑥ 환학동
삼향읍
일로읍

❶ 동강
❷ 봉황 ❸ 호혜

❹ 강정 ❺ 기동 ❻ 환학동
❼ 신계 ❽ 석정

# 매남, 본량, 삼도,<br>석곡, 인암 공소

6월경 광주의 무등산을 등산한다. 무등산은 아주 매력적이고 많은 것을 주었던 산으로 청각과 후각에 기분 좋은 충격을 준다. 떼죽나무와 꽃들이 산에 가득하여 향기를 맡으면서 산을 오르다보니 자연의 향수에 흠뻑 취하는 것 같다. 광주에서 화순으로 넘어가는 길 따라 광주호가 나란히 이어져 있는데, 모를 심은 논에서 개구리 소리가 거대한 천둥 같은 소리를 낸다. 난생 처음 들어본 자연의 우렁찬 대합창이다.

1882년에 설립된 개울가 옆에 있는 예쁜 모습의 장성 매남 공소는 내부를 못 보고 와서 아쉽다. 마당에 요셉성인과 아기예수님이 계시며, 빨간 장미가 아름답게 피어 있다. 주님승천대축일에 방문한 광주 본량 공소는 석양빛을 받아 그 모습이 특히 아름다우며 감실이 설치되어있다. 마당에는 눈부신 석양빛을 받으면서 성모님과 김대건 신부님상이 서 계신다. 해질 무렵에 도착한 나주에서 가까운 광주 삼도 공소는 온통 꽃 천지이다. 정원에는 여러 종류의 꽃들이 잘 가꾸어져 석양 아래 주황빛과 노란빛을 환히 밝히고 있다. 공소에는 감실이 모셔져 있고, 책상위에는 황금빛 돼지 저금통이 있으며 삼도의 꽃들이라고 적혀있는 보드에는 공소에서 볼 수 있는 수많은 꽃의 사진이 전시되어 있다.

곡성, 광주, 담양, 장성(무등산)_72.7 x 53.0cm mixed media

곡성 석곡 공소를 방문했던 토요일은 날씨가 맑았다. 때는 모내기철이라서 논에는 생동감이 넘쳐난다. 석곡 공소는 담장이 없고 관목과 공소를 둘러싼 나무로 도로변과 경계를 이루며, 대문이 없이 개방되어 있어서 마을과 잘 어우러지는 친근함이 있다. 마당 한가운데는 향나무가 하늘을 향한 횃불처럼 서 있으며, 그 앞에 예수님이 서 계신다. 공소에는 감실이 모셔져 있으며, 전통 한지 창호가 있어서인지 더욱 아늑한 느낌이 든다. 아담한 마을에 울려 퍼지는 새소리가 경쾌하다. 담양 인암 공소는 개울 물 흐르는 계곡 옆에 위치하고 있다. 문은 닫혀 있고, 안내문에는 매주 마다 신부님들이 오셔서 미사 드리는 시간이 안내되어 있다.

① 매남 ② 삼도 ③ 본량
④ 인암 ⑤ 석곡

# 고장, 구영, 대율, 사리, 신석, 신장, 홍도1구 공소

정약전 안드레아가 머물렀던 흑산도의 사리 공소와 홍도를 가기 위해 1박 2일의 여행일정을 짰다. 집에서 새벽 3시에 출발하여 오전 7시 전에 목포 연안여객선터미널에 도착했다. 먼 길이지만 피곤하기는커녕 설레기까지 한다. 라디오에서 나오는 헤세의 여행이야기를 들으면서 생전 처음 가보는 곳으로의 여행이라는 신선함에 공감했기 때문이다. 목포에서 홍도행 쾌속선을 타고 오전 10시 10분에 홍도에 도착하였다. 홍도 1구 공소의 야고보 공소회장님이 나오셔서 간단히 인사를 나누고, 회장님이 가르쳐주신 방향을 따라 깃대봉을 향해 오른다. 깃대봉을 향하여 계단과 언덕길을 오르면서 홍도의 모습을 한눈에 담을 수 있다. '항구에 내려서 발을 디딘 곳이 저 곳이구나' 라고 생각하면서 멋진 풍경을 내려다본다.

회장님은 공소 신자들 대부분은 80대라 혼자 공소 일을 하신다고 하며, 성모님 상 앞에 장미를 심어두셨다고 한다. 회장님이 운영하는 횟집에서 좋아하는 해삼으로 점

심을 먹고 자연산 전복도 덤으로 받아서 먹었다. 바다의 내음이 입안 가득 머물자, 이른 새벽부터 시작된 고단한 여정이 충분한 보상을 받는 느낌이다.

흑산도로 나가는 배를 기다리며, 언덕 위의 공소를 보니 건물외관 사진을 안 찍은 것이 생각나고, 등산용 스틱도 깜빡 잊고 두고 온 것이 생각나서 한 번 더 공소에 올라갔다. 배 승선시간을 앞두고 시간이 촉박하긴 했지만 공소를 두 번 볼 수 있어서 더 좋다.

흑산도는 의외로 길이 산길처럼 구불구불하고 고저차가 심한 편이다. 고진석 세례자요한 선교사님을 뵙고 흑산 성당 저녁미사에 참석한다. 이곳저곳에서 오는 어르신들을 차로 모시러 가는 선교사님의 모습에서 신앙을 지키기 위해 누군가의 배려와 관심이 필요함이 느껴진다. 또한, 홍어집에서 일하다 고단한 모습으로 나오시던 자매님이 성당에 와서는 경건한 마음으로 미사 준비와 제대용 꽃꽂이 등을 하시는 모습을 보니 일상의 삶과 하느님을 공경하는 삶이 조화를 이루어, 어느 것 하나도 소홀함 없이 삶의 균형이 잡혀있는 모습이 아름답다.

흑산도 사리 공소 바로 밑에 있는 민박집에서 1박을 하고 다음날 아침 7시 사리 공소에서 공소예절에 참석한다. 오전 7시 공소 예절에는 11명이 참석했다. 6시 58분이 되니 종이 울린다. 앞산에 떠오르는 아침 햇살이 너무 맑아서 세상천지가 아름답게 느껴지며, 정약전 선생님도 이곳에서 산 너머 떠오르는 해를 보면서 세상을 아름답게 하고자 노력하셨을 것 같다. 정약전 선생님은 흑산도에서 「자산어보」를 쓰면서, 물고기의 호칭을 통일시키고 먹는 방법을 가르쳐주며 섬 주민들과 친하게 지내면서 교류하고 이 마을 저 마을 걸어 다니면서 글을 가르치셨다고 한다. 그런 영향으로 사리와 진리 분들이 외지로 가서 공부를 많이 하였다고 한다. 일정을 마치고 흑산도 항에 서 있으니 바람이 시원하다. 모든 일에는 적절한 때가 있는 법인지 원래 2월에 오기로 계획했다가 5월에 왔는데 결과적으로 가장 좋은 때에 온 것 같다.

전남 신안군은 여러 섬들이 현재는 다리로 연결되어 차로 건너갈 수 있다. 암태도를 가는 길에 있는 천사대교는 하늘을 향하고 있는 유선형의 다리여서 바다 위를 날아가는 듯한 느낌이 든다. 방문한 신안의 5곳의 공소 중 신석, 고장 공소는 신안인덕본당으로 2004년에 합쳐졌으며, 대율, 구영 공소는 2012년에 자은본당으로 합쳐졌다고 한다.

신안 고장 공소는 아담한 크기인데, 문 앞에 강아지가 있어서 못 들어갔다. 다음으로 방문한 신안 구영 공소는 자은 성당 바로 옆에 있는데, 연두빛 지붕과 현관 부분에 첨탑을 가진 아담한 크기이며 군데군데 주님의 집임을 느끼게 하는 상징적인 표시가 있다. 외벽에 붙어 있는 십자가상이 사실적인 표현 때문인지 처절함과 고통이 느껴진다. 공소 앞 꽃나무에서는 좋은 향기가 진동하고 있다. 신안 대율 공소는 십자가가 있는 첨탑이 3층으로 구분되어 있으며, 외벽과 창틀, 가장자리 부분이 브라운계열 투톤으로 디자인되어 경쾌하고 따뜻한 느낌이 든다. 공소 내부에는 감실이 모셔져 있으며, 예수님의 생애가 스테인드글라스에 표현되어 있다. 마당에는 비가 내리고 있어서 붉은 장미가 더욱 선명한 모습으로 피어있다. 신안 신석 공소의 외벽은 벽돌과 나무, 동판, 하얀 페인트 칠 등이 조화를 이루어 독특한 분위기를 자아낸다. 동판에는 순교 성인들의 모습이 부조로 새겨져 있다. 제대의 조명은 간접조명으로 비추어서 비 오는 날 더욱 신성한 분위기이다. 공소에는 신부님이 상주하고 계시고, 공소 입구에 방문객을 위해 컵라면, 커피 등이 놓여 있는 테이블이 있다. 또한 스피커에서 기도와 성가가 흘러나오고 있어서 순례객을 향한 깊은 배려가 느껴져서 감사한 마음이 든다. 신안 압해도본당 신장 공소는 하얀색과 연 노란색이 조화로운 아름다운 모습이다. 건물 정면부 움푹 들어간 니치(niche) 부분에는 펜을 들고 책을 펼쳐 들고 계시는 세례자 요한 성인이 계신다. 정원에는 노란 장미가 아름답게 피어있다.

신안, 홍도, 흑산도(깃대봉)_90.9 x 60.6cm mixed media

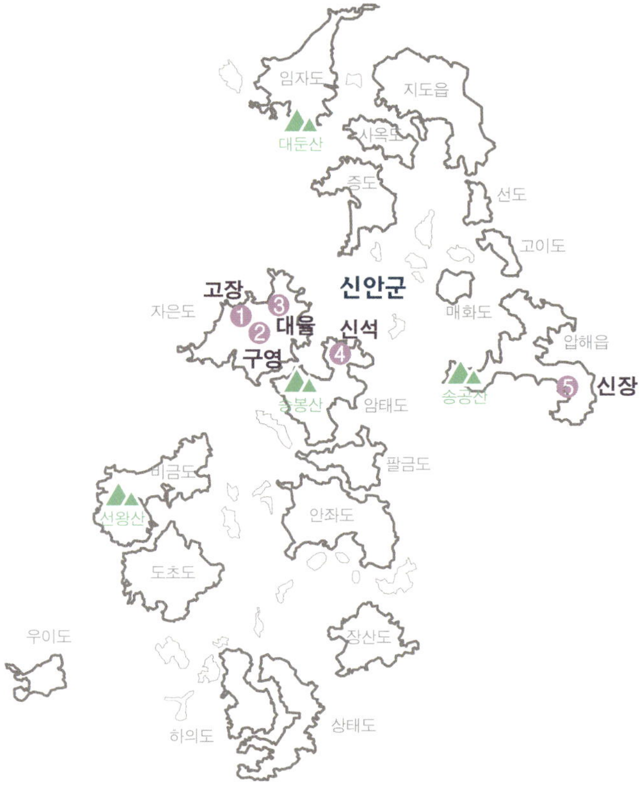

❶ 고장 ❷ 구영
❸ 대율 ❹ 신석 ❺ 신장

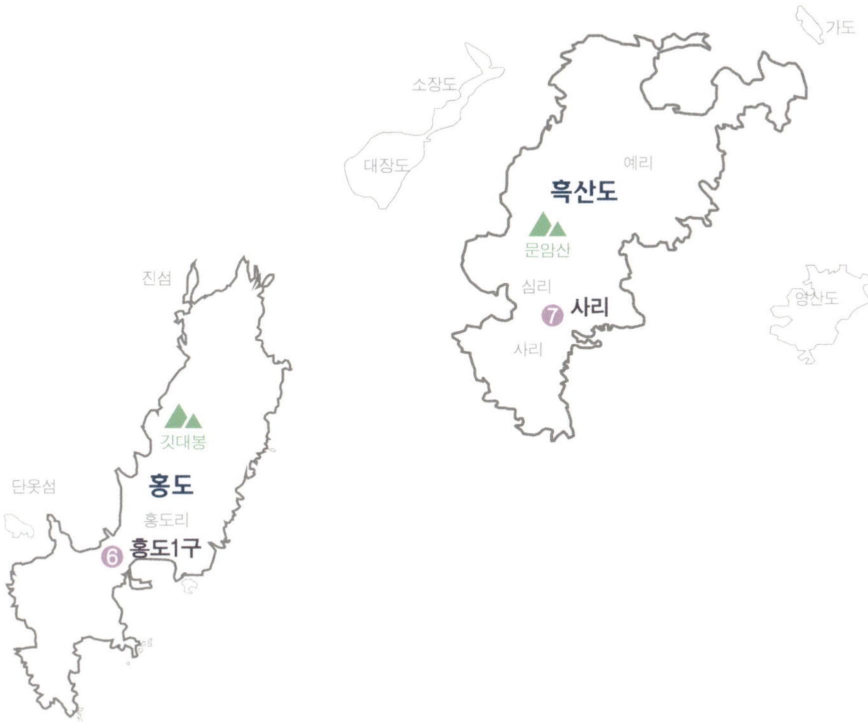

⑥ 홍도1구
⑦ 사리

# 대구대교구

개령, 도흥, 동원, 박곡, 봉한, 송림, 수륜, 아천, 아포, 연흥, 월항 공소

백안, 와촌, 자천, 하빈, 하산 공소

구룡, 동곡, 지슬 공소

구룡, 동곡, 지슬 공소

태하, 현포 공소

가실성당

# 개령, 도흥, 동원, 박곡, 봉한, 송림, 수륜, 아천, 아포, 연흥, 월항 공소

6월 말 김천 개령 공소의 방문 느낌은 특별하다. 비가 오는 날 여러 공소를 방문하고 여전히 비내리던 오후 7시경 어둑해질 무렵 불이 켜져 있어서 미사가 있는 줄 알고 반가운 마음에 대문을 열고 들어갔으나 공소의 문이 잠겨있어서 건물을 돌아서 옆으로 가니 사람의 인기척이 있었다. 빗속에서 낯선 이를 처음 대하는 순간 서로 당황하였다. 인사를 나누고 보니 파마 머리와 안경을 쓴, 파란색 츄리닝의 그 분은 문경 출신의 대구대교구 유스티노신학교 3학년 안드레아 학사님이라고 한다.

서로 간단히 인사를 나눈 후 바로 공소문을 열어주시고 제의방까지 아주 친절하게 안내해주신다. 안내 중에 공소 내부와 제의방 청소를 오늘 하셨다고 한다. 공소 내부는 수도원같이 정갈하면서도 위엄이 서려 있는 분위기라 점차 감정이 고조되면서 진한 감동이 밀려왔다. 정확히 어떤 느낌인지 꼬집어 말할 수 없지만 공간이 주는 느낌 중에 이런 느낌도 있구나싶다. 제대와 감실이 있는 하느님을 모시는 오래된 공소에는 눈물이 날 정도의 감동을 주는 뭔가가 있구나라고 느끼는 순간이다. 좋은 음악과 미술 작품 등에서 받는 감동과 같이 모든 감동과 각성 뒤에는 늘 새로운 힘과 에너지를 얻게 된다. 안드레아 학사님은 개령 공소와 같이 오래된 그대로의 모습으로 있는 공소가 이 지역에 많다고 하신다. 공소의 역사가 오래된 만큼 그 곳에 계신 예수님 상도 아주 오래된 듯하다. 성스러운 느낌으로 기도가 절로 나오는 곳이다.

성주 도흥 공소는 주변에 공장이 많아서 감흥은 크지 않다. 그래서인지 개조하면 더 좋지 않을까 하고 생각한다. 성주 동원 공소는 신자가 사는 살림집이 바로 옆에 있었고, 공소가 있는 마당에 능소화와 노란 꽃이 활짝 펴있다. 문은 잠겨있고, 종탑이 저녁 햇살에 반짝이며, 하늘과 어우러진 모습이 예쁘다. 실제로는 오래되고 낡았지만 공소라는 장소만이 줄 수 있는 남다른 느낌이 있는 것 같다.

고령 박곡 공소 가는 길에는 주변에 석류나무와 감나무가 많다. 어느 농가에 있는 부부에게 석류를 파는지 여쭤보니 단돈 만원에 다 따서 주시면서 감도 4개 더 얹어주신다. 인심 좋고 착하신 분들이다.

구미 봉한 공소는 마당이 있는 집 같은 느낌이다. 마당에는 능소화가 소담스럽게 피어있다. 마침 분도 형제님이 마당에 계셔서 인사를 나누고 안내를 받았다. 한 여름과 한 겨울에는 미사가 없고 9월에 미사가 있다고 한다. 봉한 공소의 공소회장님은 다른 곳에 살고 있고, 분도 형제님의 집이 공소 대지 안에 있으며 이 날도 열심히 뭔가 마당에서 일을 하고 있던 중이시다. 마당 중간에 서 계신 예수님 상은 비가 오는 중에도 두 팔을 벌리시고 우리를 맞이해 주신다. 구미 송림 공소 입구에는 접시꽃이 예쁘게 피어있고, 성전 실내는 소박하고 단순하고 정갈한 느낌이 들며, 하얀 벽면위의 십자가 문양이 첨부된 14처의 느낌이 좋다.

6월말 경남 가야산을 등산하고 내려와서 가야산을 배경으로 하는 성주 수륜 공소를 방문하였다. 수륜 공소는 일요일 9시에 공소 예절이 있고, 한 달에 한번 10분 거리의 성주 본당에 가서 미사를 드리고 있다고 한다. 공소의 문이 잠겨있는 줄 알고 발길을 돌리려고 한 순간, 공소 마당 풀숲에서 뭔가 작업을 하시고 있던 아주머니가 공소 문이 열려 있다고 알려주신다. 공소 안은 제대에 성화가 그려져 있는데, 이 성화는 안동 교구 상주지역 공소들에서 많이 본 앙드레 부통 신부님의 벽화 작품이다. 다른 어떠한 고가의 인테리어 장식을 해서가 아니라 벽에 그린 그림 하나만으로도 실내의 분위기를 거룩하고 예술적인 분위기로 연출할 수 있다는 점에 새삼 놀랐다. 가구와 성물, 창의 장식이 예쁘고, 누군가 병에 들꽃을 담아둔 모습도 아름답다. 공소를 보고 나

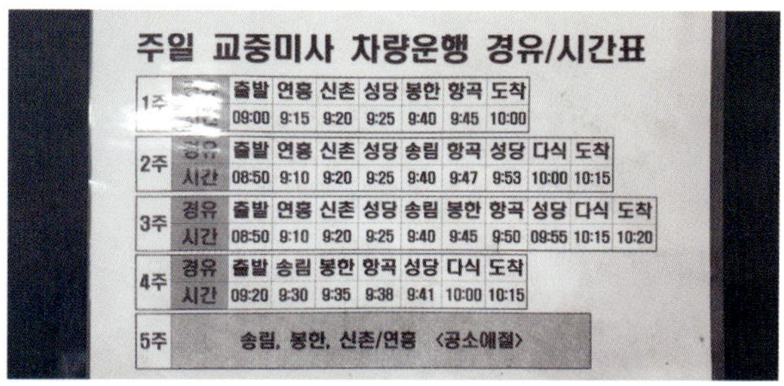

오면서 밭에 계신 아주머니께 공소 내부가 참 예쁘다고 하니 늘 보던 거라 모르겠다고 대답하신다. 해인사 근처인데 천주교와 불교를 믿는 분들 간에 잘 지내냐고 던진 우문에 절 다닐 사람은 절, 성당 다닐 사람은 성당 다닌다며 서로 잘 공존하여 별탈 없이 지낸다고 현답을 하신다. 해질녘 빛이 좋은 날 수륜 공소는 너무나 아름답게 반짝이고 있다.

김천 아포 공소는 아포역 옆에 있어서, 공소의 마당이 철도 바로 옆이다. 외벽과 지붕의 색이 연한 초록색으로 조화를 이루어서 산뜻한 분위기가 아주 좋아서 그림으로 그리고 싶은 곳이다. 공소 대지 내에 사람이 거주하며 관리하는 듯하다. 공소 내부는 앙드레 부통 신부님의 벽화와 독특한 디자인의 십자가의 길 14처 등 예술적인 성화들로 가득하고, 깨끗하고 단정한 분위기이다.

김천 아천 공소를 방문할 때도 비는 계속 내리고, 기차는 지나가고 있었다. 우산을 쓴 채로 빗속에서 사진 찍기는 다소 성가신 일이지만, 비가 내리는 날의 운치가 있고 공소와 자연을 접하는 감각적인 감성은 더욱 살아나는 느낌이다.

구미 연흥 공소와 성주 월항 공소는 아쉽게도 문이 닫혀있다. 공소를 방문하면서 방문객의 입장에서 공소의 문이 열려있을 때 가장 행복하다. 공소가 열려있으면, 누군가의 방문을 기다려준 공간처럼 느껴져서 반갑다.

고령, 구미, 김천, 성주(가야산)_116.8 x 80.3cm mixed media

❶ 아천 ❷ 개령 ❸ 아포
❹ 연흥 ❺ 봉한 ❻ 송림

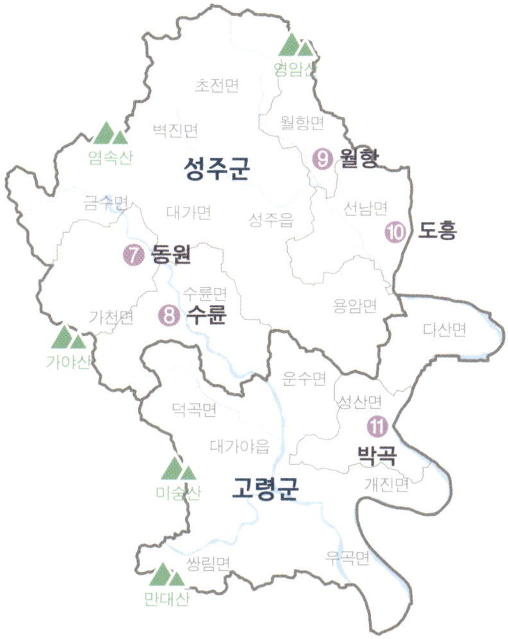


⑦ 동원 ⑧ 수륜
⑨ 월항 ⑩ 도흥 ⑪ 박곡

# 백안, 와촌, 자천, 하빈, 하산 공소

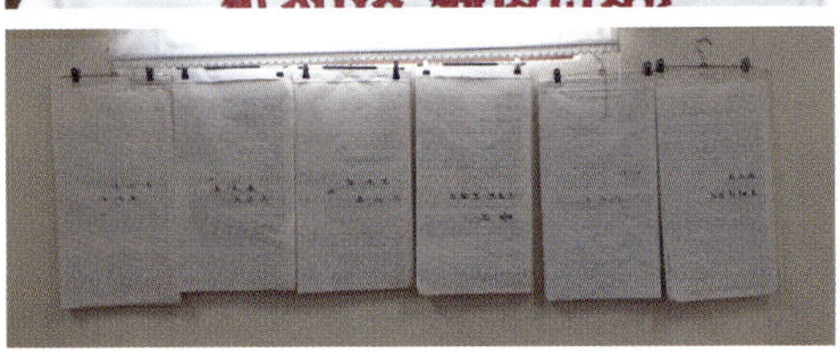

6월 중순 대구 팔공산을 등산하였다. 전날 이 지역에 큰 비가 온다는 일기 예보가 있었지만 대구에서 맞이한 당일 아침은 다소 흐렸고 큰 비가 올 것 같지는 않았다. 팔공산을 오를 즈음에는 날씨가 점점 개여 맑았다. 팔공산을 혼자서 올라가다가 홀로 온 여자 등산객을 만났는데, 이 분은 팔공산을 자기 집처럼 구석구석 알고 있으며 친숙하다고 한다. 덕분에 초행길에 팔공산의 천왕봉과 동봉을 지름길을 통해 다 볼 수 있었다. 2019년 당시는 산행 초기라서 무릎도 아프고 산행도 서툴렀는데, 이 분의 여러 가지 조언 덕분에 그 이후의 산행에도 큰 도움이 되었다.

팔공산 하산 후 방문한 대구 백안공소는 팔공산 바로 밑에 있다. 문은 닫혀있고, 마지막 주 일요일에만 문을

열고 미사가 있다고 메모에 적혀있다. 외부에서 보면, 마을에 속한 여느 기와집들과 다른 점이 없다. 단지 마당에 모셔져 있는 성모자상을 통해 공소임을 알 수 있다. 공소 방문에서 주로 십자가, 성상, 종탑 등이 공소임을 잘 찾을 수 있는 이정표가 된다. 주변 마을의 집들은 돌담이 많고 주홍빛 석류꽃이 한창이다.

1850년대에 설립된 경산 와촌 공소는 팔공산이 원거리에서 보여서 조망이 좋다. 종탑 앞에 계신 성모님이 두 팔 벌려 반겨주신다. 공소 내부 푸른색 스테인드글라스에 있는 비둘기가 인상적이며, 십자가의 길 14처에 스포트라이트를 설치해놓아서 분위기가 아늑하다.

영천 자천 공소는 규모가 꽤 큰 넓은 대지 안에 오래된 기와집의 공소와 새로 지어진 공소가 같이 자리하고 있다. 푸른 하늘에 뭉게구름이 가득한 멋진 배경을 안고 기와가 얹어진 토담 위에는 보랏빛과 자주빛 나팔꽃이 반겨주고 있으며, '은혜의 모후' 성모님이 돌기단 위에 서 계신다. 한옥 공소의 마당에는 잘 다듬어진 소나무 한그루가 멋지게 자리하고 있다. 한옥 공소 내부에도 제대가 아름답게 마련되어 있다. 특히 국화꽃이 담겨져 있는 도자기 꽃병이 인상적이다.

경산, 달성, 대구, 영천(팔공산)_72.7 x 53.0cm mixed media

낙동강변에 있는 달성 하빈 공소는 언덕 위 멀리서도 보이며, 성모님이 독특하고 강건하신 모습이다. 가실성당 서강일 아우구스티노 신부님의 관할 공소인 하산 공소를 방문하였다. 달성 하산공소는 낙동강변에 있으며, 니콜라오 회장님 부부가 같은 부지 안에 거주하고 계신다. 두 분의 손길 덕분인지 석류나무에 꽃이 탐스럽게 펴있고, 마당 곳곳이 화원처럼 각양각색의 꽃과 파초가 피어있다. 공소임을 나타내는 상징은 작은 곳에서도 찾을 수 있다. 성전으로 들어가는 대문에 하트 표시와 십자가 표시가 있으며, 공소 입구의 나무문에도 십자가 형태가 드러나도록 디자인 되어 있다. 실내에서 보면 빛이 들어와 십자가의 윤곽이 더욱 도드라져 인상적이다. 실내는 좌식으로 되어있어 방석이 아기자기 놓여있다. 공소 회장님은 10년 전에 위암 투병을 하셨으며, 성경필사를 하면서 암을 이겨낸 사실에 자부심을 가지고 있다고 한다. 그때의 필사본이 벽면에 걸려있는데 그 분의 정성과 기도가 절절히 느껴져서 감동적이다.

아우구스티노 신부님 말씀이 한 달에 한번 있는 공소에서의 미사를 일컬어 신자들이 전국노래자랑같다고 한다. 신부님이 오셔서 미사를 보고 축성을 받을 수 있는 날이 정말 축제날 같은 느낌일 것 같다.

한편, 의성의 한 공소에서 뵌 공소 신자분이 "현재는 신자수가 줄어서 미사를 본당에서 본다"고 말씀하면서 가구도 없이 텅 빈 공소의 분위기와 쓸쓸한 형제분의 표정이 아스라이 겹쳐지던 모습이 잊혀지지 않는다.

❶ 하산 ❷ 하빈
❸ 백안
❹ 와촌 ❺ 자천

# 구룡, 동곡, 지슬 공소

1815년에 설립된 청도 구룡 공소는 그동안 내가 가 본 공소 중에서 가장 높은 곳에 위치하고 있다. 자동차로 외길을 올라가다가 상대편에서 차가 오면 뒤로 후진해야 하고, 옆을 보면 까마득한 낭떠러지이다. 울주군 가지산 줄기 해발 675m의 구룡산 정상에 있는 구룡 공소는 그야말로 하늘 아래 첫 동네라는 느낌이다. 숨어서 산지는 200년, 공소 설립은 100년여의 역사를 가진 한옥 건물의 구룡 공소에서는 매주 일요일 8시에 새벽미사가 있다고 한다. 꼭 미사드리러 다시 오리라 마음 속으로 다짐했다. 100년 전의 공소의 모습은 초가집이었는데, 이후 같은 곳에 재건축하였다. 한옥 구조로 지은 공소의 내부 실내는 좌식이며 목재의 천장구조와 창호, 제대와의 거리, 높이 등이 아주 짜임새 있게 잘 조화되어 너무 아름답다. 스테인드글라스 옆에 나무로 선반을 대어 그 위에 성모님 상이 올려져 있는데 저녁 무렵 빛이 들어오니 환상적인 느낌이 든다. 금속 재질로 만들어진 투박한 조형미가 있는 성수대에는 '오 주여 이 성수로 내 죄를 씻어 주시고 마귀를 쫓아 몰으시고 고악한 생각을 빼어버리소서' 라고 적

혀있다. 마당에서는 마침 자전거동호회에서 온 여러 명의 신자들과 용성 성당의 총무 부부가 시설을 고치러 오셔서 짧은 만남을 가질 수 있었다.

경북 청도의 중심부에 위치하고 있는 동곡 공소는 피정의 집도 겸하여 운영하고 있는데 아름다운 외관을 자랑하고 있다. 전날 문이 닫혀있어서 그 다음날 미사 시간에 맞추어 갔더니 마침 신부님이 다리를 다치셔서 미사가 없다고 한다. 공소에 있는 연락처로 전화를 드렸더니 전영희 안젤라 자매님이 직접 오셔서 안내해 주신다. 공소 식구들은 40명쯤 되고 공소 건물은 15년쯤 되며, 건물은 누군가가 기증하였다고 한다. 넓은 하늘에 커다란 뭉게구름이 떠다니고, 둥글둥글한 산들이 둘러져있고 눈부신 햇살이 내리쬐는 모습이 초현실적으로 느껴질 정도로 매우 아름답다.

청도(비슬산)_60.6 x 45.5cm mixed media

청도 지슬 공소는 드라마틱한 푸른 하늘과 대형 구름을 배경으로 언덕 위에 위치하고 있다. 청도의 상징물답게 옆 마당에는 소들을 키우는 농장이 있으며, 가는 길마다 감나무가 즐비하다. 지슬 공소의 마당에 올라서면, 저 멀리 경북의 비슬산 산자락이 멋지게 펼쳐지고 있다. 너무 평화롭고 아름다운 풍광이다. 하늘 아래 천국과 같은 하느님 나라의 모습을 어떻게 그림으로 담을 수 있을지 잠시 아득하다.

❶ 지슬 ❷ 동곡 ❸ 구룡

# 구룡, 동곡, 지슬 공소

11월에 청도 구룡 공소에 전화로 문의하여 1박을 할 민박집과 일요일 공소 미사에 참석 가능한지 확인하였다. 시부모님이 여기 태생이고, 30년 전에 이곳으로 이사를 왔다는 루시아 반장님이 이화자 막달레나 님을 소개해주셨다.

막달레나 님은 6남 2녀의 맏딸이며, 선대부터 신앙을 가진지 5대째로 이 집안에서 신부님 8명, 수녀님 6명이 나셨다고 하니 그야말로 구룡 공소의 살아있는 신앙 증인이다. 어린 시절부터 윤리 강령책을 어머니가 읽어주시고 설명해주시며, 그러한 신앙의 테두리 안에서 사촌들과 어울리며 구룡 마을에서 사이좋게 살아오셨다고 한다. 구룡 공소에서는 타종교와 친교가 깊어서 순교자, 배교자, 밀고자도 없는 곳이라 좋다고 하신다. 순교지는 아닐지라도 삶과 함께 이어온 신앙의 못자리로서 더 가치 있게 잘 보존되어야 할 곳이란 생각이 든다. 담과 대문이 없고, 뒤로 나 있는 여러 갈래 길로 잘 도망 다닐 수 있었다고 한다. 6·25때는 벌거숭이산으로 화전반과 감자로 끼니를 이었으며, 교우촌을 이루고 살았다고 한다. 본인은 외지에서 생활하다가 최근에는 2주간의 간격으로 민박집을 관리하면서 왕래한다고 하신다. 가는 날이 장날이고, 축제일이라고 마침 남동생인 이재원 욥 신부님이 신부님 되신지 40주년이 되는 해이자 생신을 맞아서 사촌들과 형제자매들이 모여서 저녁 잔치를 벌인다고 하신다. 참석을 권하셔서 염치불구하고 가족 가정 미사에 참석하고 잔칫상에 참여하였다. 욥 신부님이 가정 미사시간에 "하느님이 늘 함께 계시다"고 하는데 왠지 눈물이 핑 돌았다. 미사 후 식사자리에는 산지에서 직접 사온 문어, 과메기, 김치, 방어 등 산해진미가 가득하고 가족들의 얼굴에도 웃음과 정이 가득하다. 다음날 오전 7시를 지나니 앞산 너머 붉은 태양이 떴다. 해가 뜨는 붉은 기운이 온 천지에 느껴진다. 붉은 기운과 함께 떠오르는 태양을 바라보며 아침밥을 먹는 모습에, 욥 신부님이 '해 먹는 집'이라고 칭하셨다고 한다. 이름을 듣는 순간 정말 어울리고 딱 맞는 운치 있는 이름이라고 생각된다.

구룡 공소에서의 미사 전 공소 입구에 옹기종기 놓여있는 신자들의 신발들이 정겹다. 미사 시간은 서로의 참여와 신부님의 이끄심으로 거룩하고 정갈한 느낌으로 진행된다.

청도_60.6 x 45.5cm mixed media

구룡 공소에서 미사 후 이재근 레오 신부님과 신자 분들이 아침 식사를 같이 하면서 친교를 나눈다. 식사 중에 화기애애한 분위기가 잊을 수 없을 정도로 좋았으며, 냉이 무침 반찬도 너무 맛있다. 식사 후 지난번 팔공산 등산 때 뵌 안미자 님을 용천사에서 만나기로 하여 길을 떠난다. 비슬산의 조화봉과 대견봉에 올라가 보니 어머니같이 가슴이 따듯한 느낌의 산이다.

# 태하, 현포 공소

5월에 1박 2일의 계획으로 울릉도로 길을 떠났다. 집에서 새벽 5시에 출발하여 묵호여객터미널에 7시 50분에 도착하고, 8시 50분에 시스터1호에 승선하였다. 선실 안에서 사람들의 환호성이 들려 밖을 보니 작은 돌고래들이 파도 위로 올랐다 내렸다 하면서 멋진 모습을 보이고 있다. 울릉도에 도착하여 예약한 렌트카를 인수받아 천부성당의 숙소에 도착한 것이 오후 2시경이다. 쾌적한 피정의 집 실내의 벽에는 '如己愛人(여기애인)'이라는 세로글씨가 단순한 나무판에 새겨져 벽면에 걸려있다. '자신과 같이 타인을 사랑하라'는 말이 홀로 온 여행길에 울림이 크게 느껴진다. 피정의 집을 관리하고 계신 사도 요한, 아우구스티노 학사님 두 분의 안내를 듣고 울릉도 탐방길에 나선다.

삼선암, 관음도, 죽도를 조망하고, 도동 성당을 방문한다. 도동 성당은 정원과 성전 내부가 예술적 조형미가 높은 성물들로 가득 차 있으며, 어둑한 성당실내에서는 수녀님이 조용히 기도를 올리고 계신다. 태하 공소를 둘러보고 대풍감에서 석양을 조망하고 노을빛 울릉도의 해변길을 따라 천부성당에 도착하니 마지막 노을빛을 아름답게 선사해주고 있다.

천부 성당은 천부항이 내려다보이는 언덕 위에 위치하며, 건축상을 받은 성전답게 건축과 실내디자인적 조형미가 뛰어나다. 천부 성당의 저녁 미사는 7시 30분에 시작되었는데, 육지에서 온 다른 일행들과 주민들과 같이 미사를 드렸다. 미사 후 박장근 베드로 신부님은 어떤 자료에서도 찾을 수 없었던 현포 공소의 위치를 알려주셨으며, 울릉도에서 1박2일 일정으로는 성인봉보다 깃대봉 등산이 적절하다고 추천하신다. 다음날 신부님 말씀대로 깃대봉을 따라 올라가니 나리 분지를 제대로 보면서 태하항, 현포항, 천부항, 대풍감, 코끼리바위, 삼선암 등을 조망할 수 있었다.

신부님이 길을 알려주셨지만 길눈이 어두운 나는 현포 공소를 찾아가는 동안 많이 헤매었다. 현포항에서 만난 할아버지 한 분이 현포 공소에 대해서는 정확히 모르지만, 하느님을 믿고 기도하는 곳이라고 했더니, 알아들으시고 대략적인 위치를 알려주셨다. 꼬불꼬불한 언덕길을 몇 번 오가다가 부지깽이 나물 밭 가운데 있는 십자가를 발견할 수 있다. 현포 공소는 노인봉이 잘 보이는 언덕 위에 위치하고 있다. 조금 전 만난 어르신의 얼굴이 세로로 긴 듯한 느낌이, 노인봉의 모습과 흡사하게 닮아있다. 자연과 인간은 서로 닮으면서 살아가는 것일까.

2시를 조금 너머 현포 공소에 도착하여 실내를 들어가 보니 커다란 예수님 상은 비스듬히 바닥에 기대어 눕혀있으며, 공소 안은 부지깽이 나물을 보관하는 창고로 사용되고 있다. 신자분의 아들이 만든 부지깽이 나물을 한가득 사들고 나오면서 하느님께서 아낌없이 다 내어주신다는 생각이 든다. 비록 창고로 사용되고 있지만, 예수님 상을 뵙고 흔적을 느낄 수 있어서 안타까운 한편 그래도 감사하다.

울릉도(깃대봉)_72.7 x 53.0cm mixed media

돌이켜 생각해보면, 현포 공소를 찾는 중에 물어물어 길을 잘못 들어서서 갔지만, 그런 과정에서 오히려 구석구석 울릉도의 비경을 순간순간 눈에 담을 수 있었다. 모든 과정이 헛된 게 없고 다 그럴만한 이유가 있다는 생각이 든다. 육지로 돌아오는 배 안에서 본 태평양 물 위의 석양이 강렬한 인상을 전하며, 울릉도 도로변에서 제일 먼저 반겨준 흑염소 무리들과 관음도의 기러기, 깃대봉 정상까지 따라다녀 준 나비들이 기억에 떠오른다. 고맙게도 집에 돌아와 보니 학사님께서 이메일로 제주도 공소와 천부 성당의 역사에 관한 소개영상을 보내주셨다.

'내 영혼이 주님을 찬송하고
내 마음이 나의 구원자 하느님 안에서 기뻐 뛰니.'
(루카 1,46-47)

❶ 태하 ❷ 현포
❸ 천부성당 ❹ 도동성당

# 가실성당

공소 그림을 그리기 전에 전국의 오래된 성당과 성지를 방문하고, 글과 그림으로 담는 과정에서 알게 된 왜관의 가실성당은 방문할 때마다 아름답고 고요한 묵상을 할 수 있었던 좋은 장소로 기억된다.

❶ 가실성당

가실성당_116.8 x 80.3cm mixed media

# 대전교구

면천, 백석, 삼봉, 상리, 새터, 세거리, 세류리, 신촌리, 양촌, 원머리, 원치리, 음섬, 하흑 공소

구정리, 상홍리 공소

노송, 사기점골, 사랑골, 요골, 정안 공소

갈매울, 마전, 만수리, 상월, 용당리, 은진 공소

# 면천, 백석, 삼봉, 상리, 새터, 세거리, 세류리, 신촌리, 양촌, 원머리, 원치리, 읍섭, 하흑 공소

1884년에 설립된 당진 면천 공소는 면천읍성 가까이에 있는 마을 중심부에 위치하며, 현재의 모습은 리모델링을 마친 모습이다. 마당에는 순교복자비가 세워져 있다. 당진 백석 공소는 문이 잠겨 있었으며, 건물 외관의 크기와 모습이 정겨워서 이대로 계속 보존한다면 옛 느낌이 남아 있어 자꾸 가보고 싶은 장소가 될 것 같다. 작고 귀여운 느낌의 공소에 비해 4배나 키가 더 큰 나무가 인상적이다.

해질 무렵 석문 방조제를 지나 8시경 당진 삼봉 공소에 가까스로 도착했다. 초승달이 뜨고 하늘에는 비행기가 지나가고 있다. 성모님 상 아래에 새겨진 "주님의 종이오니 그대로 제게 이루어지소서" 라는 말씀이 맘에 와 닿는다.

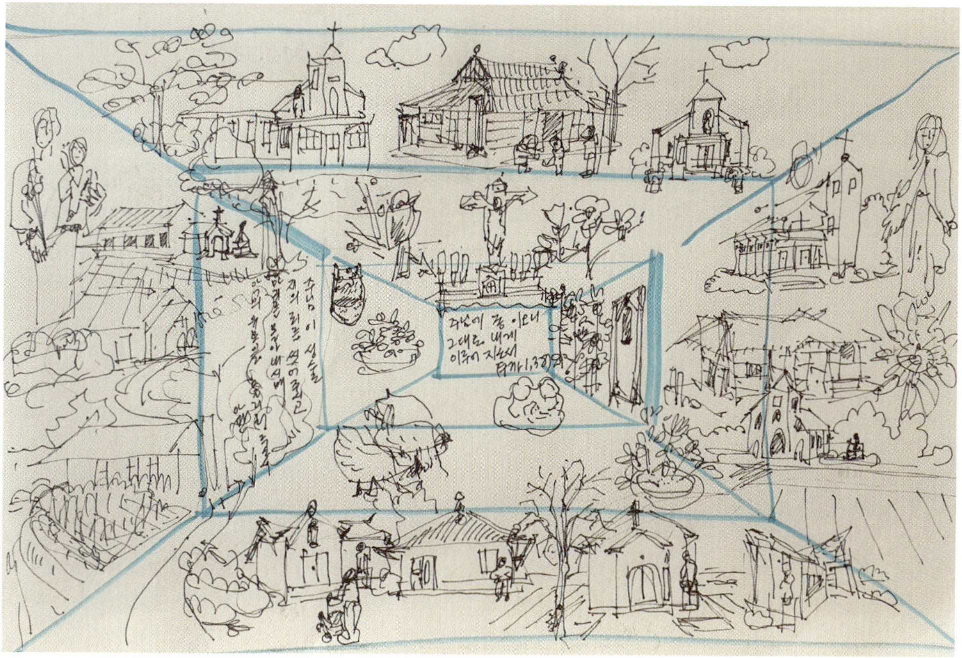

당진 지역의 공소는 김성태 요셉 신부님, 공재호 요셉 신부님이 안내를 해주셨다. 김성태 신부님께서는 천주교 박해기 공소와 박해기 이후의 공소에 대하여 설명해 주시며, 특히 공소회장의 임명과 신자들의 모범이 되어 사명감을 가지고 일했던 공소 회장직의 중요성을 얘기하신다. 공소회장이 된다는 것은 인성과 정신적, 지식적인 신앙 면에서 인정받은 것이기에 공소회장이 되면 굉장한 책임감과 소명의식을 가지게 된다고 하신다. 실례로 3대가 공소회장인 집안에서 할아버지 아버지를 거쳐서 본인이 80세 가까이 되어서야, 매일 거지를 씻기고 먹이고 심지어 잠도 같이 잔 아버지가 이해가 되었다고 말한 형제님이 계시다고 한다. 또한, 산업화 도시화를 거치면서 현재 공소가 많이 없어지고 있고, 사람이 줄어들고 있지만 남아 있는 공소라도 정비를 해서 최대한 활용해서 순례길 중간에 잠깐이라도 기도하고 묵상하고 갈 수 있는 공간이 되면 좋겠다고 하신다. 공소란 현재 살고 있는 신앙인들의 실질적 추억이 있는 곳이며, 공소에서 이어져 왔던 신앙생활의 경험을 가진 분들에게는 기억 속의 따뜻한 '신앙의 고향이다'라고 말씀하신다. "한국 천주교가 근대로 성장할 때 공소의 동력이 작용했으며, 공소는 없어져서는 안 된다. 옛날의 그 모습 그대로 남아 있어야 하며, 건물이라도 남아 있다면, 그 스토리를 다시 들추어낼 수 있고 신앙의 원형이라 할 수 있다."라고 하신다.

당진 상리 공소는 외피는 벽돌, 내피는 나무와 흙으로 되었으며, 공소회장님 댁이 바로 옆이다. 1883년에 설립된 당진 새터 공소는 상리 공소와 비슷한 이미지이며, 종탑이 있어서 멀리에서도 공소임을 한 눈에 알 수 있으며, 주변의 논밭 풍경과 잘 어우러진다.

신리 성지 옆에 위치한 당진 세거리 공소는 실내 바닥이 꺼지고 허물어져가는 폐허 같지만, 역설적으로 세월의 흔적을 고스란히 보여주고 있어서 특이한 아름다움을 간직하고 있다. 이 지역에서는 모두들, 어릴 적부터 집에서 베드로, 바오로 등 세례명으로 불러서, 자기 이름을 모르고 학교를 다녔다고 한다. 공소 잔치가 신자만의 잔치가 아니라 마을 잔치였다고 한다. 공소 마당 옆에는 오래된 종이 놓여있는데, 큰 산이 없는 내포 이 마을 저 마을에서 울려 퍼졌을 종소리가 마치 들리는 듯하다.

당진 세류리 공소는 비밀의 화원 같은 곳이다. 현재의 공소회장님이 달에 사는 토끼귀, 곰 발바닥 다육이 등. 온갖 다양하고 이색적인 식물을 화분 곳곳에 가꾸고 있으며, 열대식물, 장미, 능소화, 수련 등으로 정원을 아름답게 가꾸고 계신 덕분이다. 고맙게도 공소회장님의 아들 내외가 커피를 타주신다. 할아버지가 공소회장이셨으며, 공소 건물을 지은 지는 33년이 된다고 하신다. 부활, 성탄 판공성사 때 신부님이 오시고, 공소에서 요청 시 혼인, 감사미사에 오신다고 한다. 한 달에 두 번, 첫째 주와 셋째 주에 15명 정도 공소 예절을 한다고 하신다.

당진 신촌리 공소는 지붕의 켄틸레버 구조로 돌출된 부분에 김대건 신부님 상이 서 있다. 솔뫼 성지 근처에 위치하며, 좁은 논길을 차로 가면 길에서 늘 양보해 주시는 마을 분들을 보며 그분들의 선한 마음을 느끼게 된다.

1888년에 설립된 당진 양촌 공소는 선교사님 부부가 관리하고 계시며, 7명이 모이는 레지오 모임이 곧 있을 예정이라고 하신다. 공소는 전통 한옥의 모습을 자연스럽게 보존하면서 멋지게 복원되었으며, 제대가 앱스처럼 움푹 들어간 부분에 있고 제대부분이 서양 전통 양식과 한옥 양식이 절충되어 있어서 인상적이다. 오래된 역사만큼이나 유서깊은 14처, 제대, 성물들이 귀하게 느껴진다. 벽에 걸려있는 백문필(페렝) 필립보 신부님의 사진 모습이 인자하시다.

해바라기가 활짝 핀 당진 원머리 성지를 둘러본 후 조금 더 지나오면, 1876년에 설립된 원머리 공소가 나타난다. 공소 앞 밭에 한 수산나 자매님이 토마토, 참외, 시원한 얼음물을 주신다. 처음 보는 방문객에게 선뜻 먹을 것과 마실 것을 주시는 마음이 너무 감사하다. 남편인 이석규 요한 형제님이 15살일 때 공소 건물이 지어졌다고 한다. 그 당시 마차로 갯벌의 갯모래를 날라서 지었으며, 지금은 종각이 날아가 버렸다고 한다. 하느님의 집을 짓고 옆에 두고 사는 사람들이 넉넉하고 진정한 부자이고 아름답다는 생각이 드는 곳이다. 다음날 홍성의 용봉산을 오르면서도 한 수산나 자매님의 아픈 손을 생각하면서 내내 기도하면서 오르게 된다.

당진 원치리 공소의 문은 닫혀있었는데 귀가 먹은 할머니가 유모차를 끄시면서 어디선가 나타나 감사하게도 열쇠가 있는 곳을 알려주셔서 공소 내부를 볼 수 있다. 당진의 음섬 공소와 하흑 공소도 공소 순례길에 잠시 들렀다 가고 싶은 생각이 들도록, 주변 풍경과 아름답게 잘 조화되어 위치하고 있다.

당진, 예산_145.5 x 97.0cm mixed media

석문면
1 삼봉
송산면
송악읍
고대면
대호지면
당진시
음섭 6
5 새터
신평면
4
원머리
정미면
순성면
세류리
9 신촌리
7
2 백석
8 원치리
면천면
3 면천
우강면
합덕읍
상리
하흑
10
12
11
고덕면
세거리
13
봉산면
양촌
신암면
오가면
예산읍
삽교읍
대술면
덕산면
예산군
응봉면
대흥면
신양면
광시면


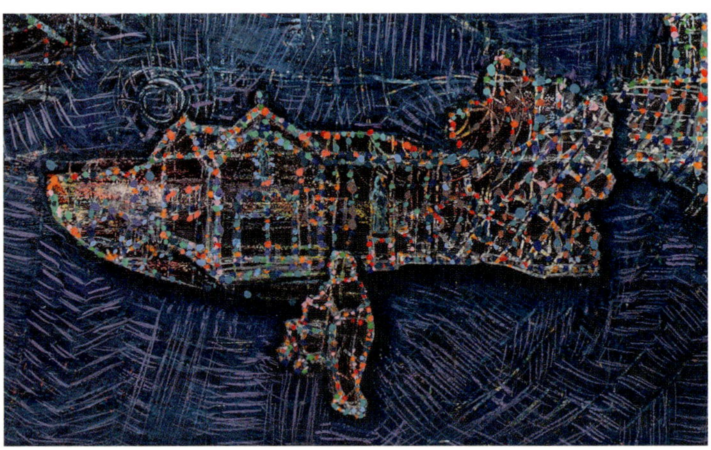

❶ 삼봉 ❷ 백석
❸ 면천 ❹ 원머리 ❺ 새터

❻ 음섬 ❼ 세류리 ❽ 원치리
❾ 신촌리 ❿ 하흑
⓫ 세거리 ⓬ 상리 ⓭ 양촌

# 구정리, 상홍리 공소

충남 용봉산을 등산한 후 방문한 홍성 구정리 공소에서는 개 2마리가 있어서 외관만 간략히 보고 길을 떠났다. 서산동문동 성당 근처에 있는 1884년에 설립된 상홍리 공소를 방문하였다. 상홍리 공소는 종탑과 공소의 지붕이 기와로 되어있는 동서양을 절충한 스타일이고 규모가 꽤 크고 잘 지어진 공소이다. 공소회장님이 전화로 열쇠를 둔 곳을 알려주셔서 공소에 들어가 보니 실내가 너무 아름다워서 기도가 절로 나온다. 특히나 제대 정면 벽면에서 파란 가운을 두르시고 두 팔을 벌리고 맞아주시는 성모님의 모습은 저녁 햇살을 받아서 더욱 살아있는 것 같은 생생한 느낌으로 다가온다.

대산읍
지곡면
성연면
팔봉면
음암면
팔봉산
1 상홍리
서산시
운산면
인지면
해미면
부석면
부석면
삼준산
홍북읍
갈산면
용봉산
금마면
홍성군
홍성읍
서부면
구항면
2 구정리
결성면
홍동면
은하면
광천읍
장곡면
오서산

❶ 상홍리
❷ 구정리

INRI
Jesus Nazarenus
Rex Iudaeorum

Iesus Nazarenus
Rex Iudaeorum

서산, 홍성(용봉산)_60.6 x 45.5cm mixed media

# 노송, 사기점골, 사랑골, 요골, 정안 공소

덕산에서 하룻밤 자고 새벽 6시경에 출발하여 1시간 30분 걸려 도착하여 조치원 노송 공소의 8시 미사에 참석하였다. 마침 노송 공소에 도착할 즈음 눈이 내리기 시작하면서 아침 하얀 눈길에 교우분들이 공소를 향하여 걸어오는 모습이 청아하고 경건한 느낌을 준다. 마침 이날 미사는 공소에 새로 부임하신 강승수 요셉 신부님께서 집전하셨으며 성당 안은 53명의 인원으로 가득 찼다. 신부님은 말씀 중에 상주 모서 공소에 머물면서 회장님 댁에서 과수원 일을 하셨다고 한다. 얼마 전 안동교구 모서 공소에 다녀왔기 때문에 더욱 귀를 쫑긋하고 신부님 말씀을 듣는다. 농민사목을 하시면서 지금까지 하신 일들을 얘기하시며, “땅을 보존하고, 농촌을 하느님 질서에 맞추어 가꾸어 가는 게 중요하다”고 하신다.

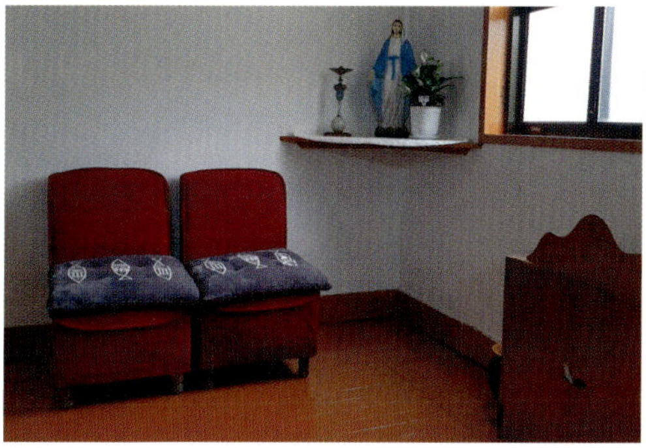

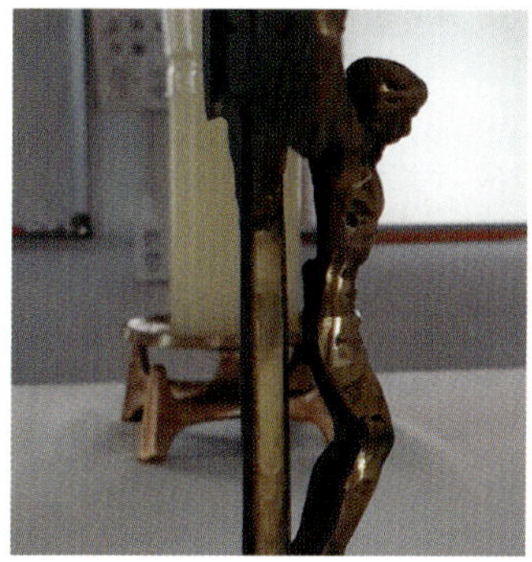

미사 후 공소회장님이 봉헌사를 하시는데, 정말 훌륭하게 말씀하신다. 120년전 12월 25일에 30대 초반 두 명의 선비, 배용호 안드레아, 김동면 레오가 세례를 받고 노송 공소를 설립한 역사를 얘기하신 후, 신부님이 본당 사제의 길을 안 가시고 노송 공소에 부임한 것이 하느님의 은총이자 노송 공소의 영광이라고 하면서 신부님을 먼 발치에서 바라보다 가까이서 뵙게 되어 기쁘면서도 혹여 신자들이 잘못할까봐 걱정이라면서, 신부님과 사랑을 나누는 평화로운 노송 공소가 될 것을 제안한다고 하신다. 미사 후 민명주 율리안나 자매님이 노송 공소의 120년 역사를 기록한 책을 주시면서 시증조할아버지가 노송 공소의 설립자인 안드레아 님이라고 한다. 시간은 흐르고 세월은 가고 마을의 모습도 변하지만, 변하지 않고 면면히 이어오는 정신이 공소에 서려있음을 느끼는 순간이다.

1886년에 설립된 공주 사기점골 공소를 찾아 주변을 서성이고 있는데, 개 짖는 소리에 할아버지 한 분이 나오신다. 신자들이 본당으로 나가기 때문에 공소가 없어져서 이어지지 못하였다고 아쉬움을 표하신다. 집 대문에는 신자 집임을 표시하는 십자가 표시가 있

Y.S. Yoon 21

공주, 조치원(계룡산)_72.7 x 53.0cm mixed media

다. 어린 시절과 청장년기의 추억과 정신적 기둥이었던 장소를 잃어버린 마음이 어떨까 라는 생각을 하면서 발길을 돌린다. 마을에서 나오는 길은 1차선 외길인데, 차들은 서로 알아서 비켜준다. 공소 주변의 사람들은 늘 이렇게 선하다. 햇살이 좋은 오후 3시경 도착한 공주 사랑골 공소는 개울가에 위치하고 있는 하얀 서양식 종탑과 기와 지붕을 가진 역사성이 느껴지는 공소이다.

1884년에 설립된 공주 요골 공소는 정겹고 아담한 마을이 형성되어있는 초입에 위치하고 있으며, 오랜 역사를 지닌 공소이다. 1887년에 설립된 공주 정안 공소는 계룡산 가까이 있으며, 마을이 잘 정비된 느낌이며, 감나무의 감이 익어가고 있고 닭의 울음소리가 정겹다. 공소 내부가 깔끔하고 예쁘다. 물고기 문양의 방석이 눈에 띈다. 정원에 서 계신 성모님은 작지만 다른 지역과는 다른 개성있는 모습이시다.

① 사기점골 ② 요골
③ 사랑골
④ 정안 ⑤ 노송

# 갈매울, 마전, 만수리, 상월, 용당리, 은진 공소

전북 대둔산은 바위가 많고 경사가 심하고 튼튼하고 시원한 느낌의 산이다. 정상인 마천대에선 가만히 서 있기가 힘들 정도로 바람이 세게 분다. 세찬 바람 속에서도 돌배나무가 아름답게 하얀 꽃을 피우고 있다.

1887년에 설립된 논산 갈매울 공소는 논 너머의 주황색 지붕과 노란색 벽면, 종탑 지붕을 가진 예쁜 건물이다. 공소에서 만난 전 공소회장님이신 타대오 형제님이 갈매울 공소에 대하여 설명해 주신다. 300년 역사를 지닌 이 공소에서는 신부님 10명, 수녀님 8명이 배출되셨다고 한다. 대전 지역의 공소는 평야 지대라서 길 연결이 잘 되어있고, 찾아가기 좋은 곳에 위치해 있다. 공소 내부 제대는 서양식 앱스(Apse)처럼 움푹 들어간 부분에 있으며 십자가 좌우 벽면에 원형 스테인드글라스 창이 아기자기 귀엽다. 공소회장님은 비가 내리는 중에도 우산도 안 쓰신 채 옹기장이 선조들이 예전에 사용했던 가마터를 안내해주신다.

1898년에 설립된 논산 마전 공소는 전주교구 여산 성당의 관할이지만, 소재지 기준으로 대전교구의 공소들과 같은 캔버스에 그려졌다. 공소는 먼지가 쌓이고 낡아서 사용 안 하는 듯 보이며, 마당에 비를 맞고 계시는 먼지 쌓이고 오래된 성모님만이 기억에 강하게 남았다. 마전 공소 주변에는 호박 넝쿨에서

큼지막한 호박이 익어가고 있다. 부여 만수리 공소는 외관이 모 본당인 부여 금사리 성당을 닮아서 아름답다. 계룡산 바로 옆에 있는 1890년에 설립된 논산 상월 공소에는 공소를 지키고 가꾸는 자매님이 계신다. 마당 화단에 있는 커다란 성모자상이 인상적이다.

부여 금사리 성당에 소속된 1891년에 설립된 용당리 공소는 공소 내부에 들어가니 무슨 이유에서인지 현재는 사용이 잘 안 되는 상태인 듯하다. 언덕 위에 위치하는 1885년에 설립된 논산 은진 공소는 한옥으로 지어지고, 제대 부분이 서양의 앱스처럼 ㄷ자로 움푹 들어간 곳에 있는 것이 잘 보존되어 있다. 오래된 역사를 지닌 공소임이 한 눈에 느껴진다. 들어가는 입구에 면한 2개의 나무문에는 뚜렷하고 선명하게 짙은 색의 나무를 대어 십자가 형태를 표현하고 있다. 두 천사들의 모습으로 제작된 성수대가 군데군데 칠이 벗겨지고 낡았지만, 낡은 만큼 더 아름답게 보이는 것을 왜일까.

논산, 부여(대둔산)_72.7 x 60.6cm mixed media

여러 공소들을 방문하고, 각 공소들의 모습과 특징이 다르고, 공소가 가진 스토리가 다르고, 공소에서 보는 성물이 같은 모양이라도 그 느낌과 상태가 저마다 다름을 느끼게 된다. 이러한 점 때문에 여건이 허락하는 한 공소를 하나라도 더 찾아가 보고 싶고, 지금 내가 하는 일이 내 자신에게 정말 의미 있는 일임을 확신하게 된다. 문득 공소를 찾아다니고 공소 그림을 그리는 것이 주님의 뜻일까 나의 뜻일까를 생각해 본다.

① 만수리
② 용당리
③ 상월
④ 은진
⑤ 마전
⑥ 갈매울

# 마산교구

미조, 은점, 사량 공소

가배, 두동, 북천, 사봉, 산달, 영신, 율포, 장암, 탑포, 학동, 황리 공소

삼가, 신원, 쌍백, 야로 공소

공배, 문정, 상중, 생초, 예성 공소

# 미조, 은점, 사량 공소

4월 중순 1박 2일의 일정으로 새벽 3시에 집을 출발하여 통영 가오치항에서 9시 배를 타고 사량도에 10시경 도착하였다. 도착하자마자 우선 사량도 지리산을 등산하였다. 전날 비가 와서인지 맑고 쾌청한 날씨이다. 사량도 지리산의 해발 높이는 307.8m로 그리 높지 않지만, 올라가면서 보는 남해의 바다와 섬들 저 멀리 조망되는 육지의 모습까지 아름다운 섬마을의 풍광이 이채롭다.

사량도 지리산을 등산한 후 방문한 사량 공소는 사량터미널 근처 주택가에 위치하고 있으며, 향나무와 야자수가 공소 마당에 그늘을 만들어 주고 있다. 공소안은 방금 사용한 듯 성경책이 펼쳐져 있다. 방문한 여러 공소에서 제대 위에 성경책이 펼쳐져 있는데 펼쳐진 면의 성경말씀을 보면, 의미있는 메시지를 전달받는 느낌이 들 때가 있다. 처음 가 본 새로운 장소는 그곳을 늘 접하는 사람에게는 일상에 지나지 않지만, 방문객에게는 색다르게 느껴지는 법이다.

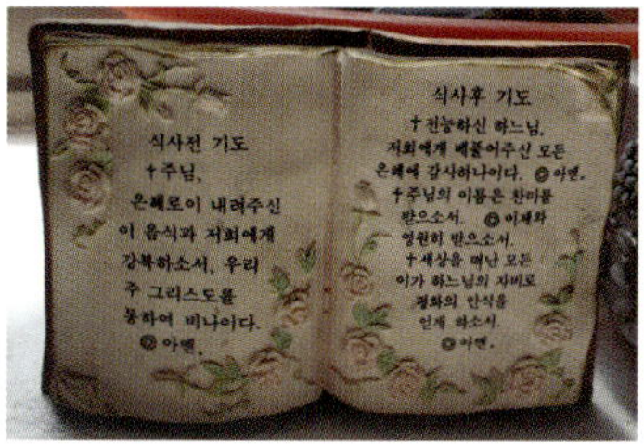

사량도에서 배를 타고 육지로 와서 거제 지역의 공소를 몇 군데 방문한 후 동행한 복녀씨의 어머니가 계시는 합천 삼가에서 1박을 하였다. 따뜻하게 맞아주시는 복녀씨 어머니의 모습이 선한 성모님의 모습처럼 아름답다. 이런 분들을 만나 뵐 때면 사람의 따스함과 선함에서 우러나오는 아름다움을 느끼게 된다. 다음날 남해의 금산을 등산하기 위해 새벽길을 깨우면서 길을 나섰다. 금산은 그리 높지 않으며, 산 정상부근이 산책로처럼 길이 구성되어 있다. 새들이 지저귀고, 진달래 등 온갖 꽃들이 아침 이슬에 활짝 만개하여 햇살을 받고 있으며, 온갖 모양의 바위들이 이곳저곳에 있고, 바위 위에 올라서면 어디서든 바다와 주변 섬들을 조망할 수 있어서 천상의 낙원에 온 것 같다.

남해 사랑도(금산, 사랑도지리산)_72.7 x 53.0cm mixed media

남해 미조 공소는 미조항 옆에 있다. 비가 많이 내리던 날 방문했는데 마당에서 성모님이 반겨주신다. 성경 책자가 펼쳐져 있는데 감사기도 양식부분이다.

너희는 모두 이것을 받아먹어라.
이는 너희를 위하여 내어 줄
내 몸이다.

너희는 모두 이것을 받아 마셔라.
이는 새롭고 영원한 계약을 맺는 내 피의 잔이니
죄를 사하여 주려고
너희와 많은 이를 위하여 흘릴 피다.
너희는 나를 기억하여
이를 행하여라.

남해 은점 공소는 독일마을 가까이에, 언덕 위 바다가 내려다보이는 곳에 위치하고 있다. 외관을 보면, 규모가 큰 편이다. 방문한 때에는 문이 닫혀있어서 내부는 보지 못하였다.

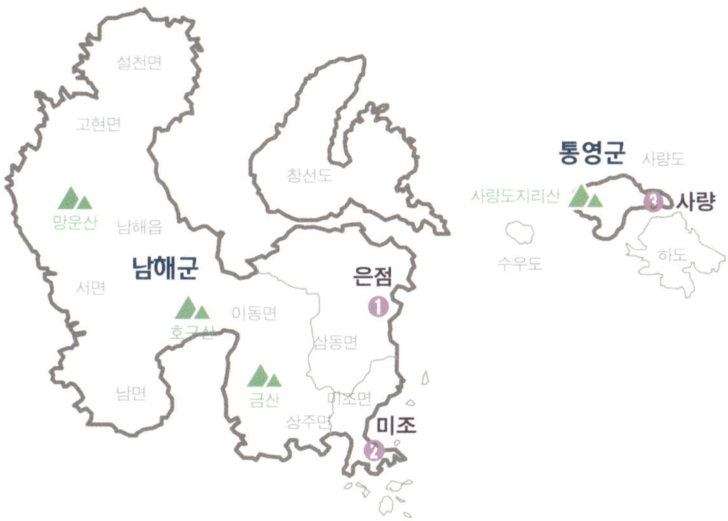
설천면
고현면
창선도
통영군
사량도
사량도지리산
사량
망운산
남해읍
남해군
은점
수우도
하도
서면
이동면
호구산
삼동면
남면
금산
미조면
상주면
미조

❶ 은점 ❷ 미조 ❸ 사량

# 가배, 두동, 북천, 사봉, 산달, 영신, 율포, 장암, 탑포, 학동, 황리 공소

거제 가배 공소는 쪽마루 바닥이 있는 좌식건물이고, 공소 외관과 내부가 오래되었으면서도 소박하고 아담하면서 단정한 느낌이다. 가배 공소 인근에는 남쪽 지방의 느낌이 나는 야자수가 많으며, 동백나무에는 그림처럼 아름답게 분홍 꽃이 활짝 펴있다. 비가 많이 오던 날 방문한 거제 두동 공소는 서양식 건물 외관을 지녔으며, 외벽을 돌로 마감하고 제대 부분은 벽돌로 마감하여 견고한 느낌을 준다. 1866년경 설립된 하동 북천 공소는 부지 안에 관리하는 분의 살림집이 같이 있는데, 문이 잠겨 있어서 내부는 보지 못한다. 예전에 오래된 성당을 방문하던 때 인상 깊었던 문산 성당을 모본당으로 하는 진주 사봉 공소는 복자 정찬문 안토니오 순교자를 기리는 성지라서 그런지 순례객들이 대형버스로 단체로 오신다.

6시 30분경 주홍빛 붉은 노을이 물들 즈음 거제 산달 공소에 도착하였다. 인근의 산달 분교 펜션이 있으며, 거제 앞바다가 보이는 곳에 이순신 장군 동상이 힘차게 서 있다. 산달 공소 내부는 막 사용한 듯이 책상 위에 매일미사책과 성가책이 군데군데 펼쳐져 있다. 십자가가 장식된 모던한 디자인의 성수대가 눈에 띈다. 하동 영신 공소는 언덕 위 경사로를 지나 계단 위에 자리잡고 있다. 공소 내부의 십자가의 길 14처가 정사각형 동판 위에 조각되어 있는데, 표현이 간결하면서 돋보인다. 파도가 넘실대는 바닷가 옆에 있는 거제 율포 공소는 내부가 좌식으로 되어 있으며, 실내의 모서리 벽면 부분에 제대가 위치하고 있다.

함안 장암 공소는 책자에 수록된 정보와 검색한 곳의 주소에 오류가 있어서 엉뚱한 곳에서 계속 헤매었다. 설상가상으로 해는 져서 점점 어두워지고 있던 때였다. 책에 나와 있는 사진에 의존하여 전선주가 보이는 각도를 고려하여 주변을 살펴보면서, 네이버에서 검색한 주소로 갔더니 해가 완전히 져서 깜깜한 시각에 겨우 제대로 도착하였다. 캄캄한 마당에 발을 딛고 어떻게 할까 망설이고 있던 중 공소 문이 열리고 어떤 자매님이 나온다. 헬레나 자매님이 공소를 관리하고 있는데 장암 공소 회장님의 후손이라고 하신다. 공소 내부를 안내해 주시고 차와 과일을 내어주신다. 장암 공소는 100년이 넘은 곳이며, 7대째 천주교 신앙을 이어오고 있으며, 할아버지가 공소회장이어서 할아버지 댁에서 공소 예절을 했다고 한다. 제대 위 부활 예수님의 모습이 어디에서도 보지 못한 특이한 모습이라 감탄하니, 자매님의 친척인 김옥수 도미니코 신부님이 제작한 것이라고 한다.

1890년에 설립된 거제 탑포 공소에 도착하였다. 마을 어귀에서 보이던 탑포 공소에 가까워지자 어떤 형제님이 계셔서 여쭤보니 70대의 사도요한 회장님이라고 하신다. 증조할아버지 때부터 공소를 이끌었으며 역사는 거의 100년이 되어간다고 한다. 공소 내부를 안내해 주시고, 가배 공소를 꼭 가보라 추천하고 다음 공소들 방문을 위해 차량이동을 고려한 방문 순서를 알려주신다. 이렇게 가는 곳마다 생각지 못한 안내자가 있으니 내가 지금 하는 일을 계속하라는 하늘의 뜻인가보다 생각을 하게 된다.

거제 학동 공소에서는 인근 바로 옆의 주택에서 아저씨가 공소를 안내해주신다. 선친이 공소 땅을 기증하셨으며, 본인은 외지에서 살다가 들어온 지 20년 되었다고 한다. 공소는 가정집 같은 분위기이며 마당에 서면 바다가 보인다. 어디가나 동백꽃이 활짝 펴있다. 1893년에 설립된 통영 황리 공소는 정말 찾기 힘들었다. 비가 오고 마을의 길이 좁은 데다 순환형이라 3바퀴를 돌아서 겨우 도착할 수 있었다. 공소는 120년이 되었고, 파란색 지붕에 연한 그린색 나무문을 가진 기단 위 한옥 형태이다. 마당의 조경도 아름답게 되어있다. 국가등록문화재이며 표지판에는 "1934년에 건립된 건물이며, 처음부터 교회의 기능에 맞게 계획하여 건립된 한옥 건물로 지금도 원래의 모습을 그대로 유지하고 있다. 근대 천주교가 토착화되는 과정에서 한옥을 천주 교당으로 어떻게 변모시켰는지 살펴볼 수 있어 건축사적인 가치가 높다"라고 적혀있다. 내부는 입식으로 되어있으며, 성모님의 모습이 무척 아름답다.

공소를 찾아가는 중에는 정말 찾기가 힘들어서 순간 포기하고 싶을 때가 있지만, 포기하지 않고 길을 돌고 돌다가 끝내 찾아냈을 때 굉장히 보람 있고 신기하기도 하다. 노력하여 구하다 보면, 내가 서 있는 곳에 공소가 불쑥 나타나는 순간이 오곤 한다.

거제, 진주, 통영, 하동, 함안_90.9 x 72.7cm mixed media

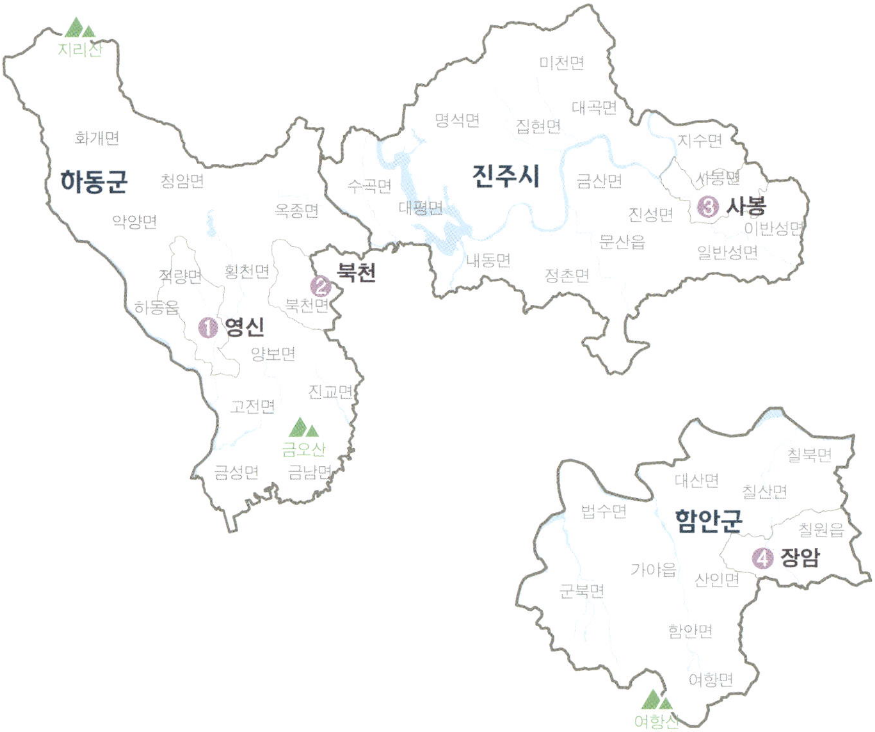

❶ 영신 ❷ 북천
❸ 사봉 ❹ 장암

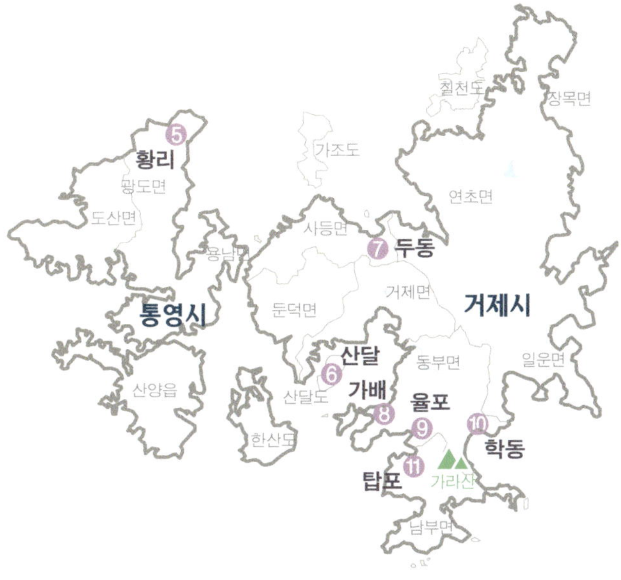

❺ 황리 ❻ 산달
❼ 두동 ❽ 가배 ❾ 율포
❿ 학동 ⓫ 탑포

# 삼가, 신원,
# 쌍백, 야로 공소

1883년에 설립된 합천 삼가 공소는 오래된 역사를 지닌 한옥구조이다. 저 멀리 자굴산이 보이며, 공소 주변에는 목련꽃이 아름답게 피고, 아침이라 목련꽃 향기가 뚜렷이 난다. 경남 남덕유산 가는 길에 거창 신원 공소로 향하였다. 자료에 나와 있는 주소지로 갔더니, 신자가 아닌 부부가 나와서 천주교인이 예전에 살았었다고 얘기하신다. 인터넷 검색을 다시 해서 제대로 찾아가니 신원면 중심 도로변 작은 언덕 위에 위치하고 있다. 공소에는 김옥희 에리따 선교사님이 10시 30분 공소예절 준비를 마치고 묵상을 하고 있었는데 그 모습이 단아하고 고결하게 느껴진다.

신원 공소는 2008년 리모델링을 하고 꾸준히 가꾸는 손길이 있어서인지 작은 규모지만 아늑하고 정갈한 느낌이 든다. 실내는 규모가 작은 방이지만 방석, 의자 둘 다 배치되어 있으며, 단을 높인 제대, 벽면에 있는 성경책, 물고기, 장미문양의 스테인드글라스와 캘리그라피 작품, 성물 등 모든 구성 요소가 조화롭게 배열되어있다. 길을 떠나는 우리에게 깨끗하게 손질한 딸기와 식빵을 주시는데, 공소 어르신들을 위해 준비하신 것 같아 사양하면서도 야로 공소를 지나칠 때 딸기를 파는 걸 보고 살까 말까 하다가 지나쳐서인지 딸기는 염치불구하고 받았다. 세상에서 가장 맛있는 딸기였다. 길손을 배려하여 큰 선물을 주심에 너무 감사했고 꼭 한번 다시 방문하고 싶은 공소이다.

거창, 합천(남덕유산, 자굴산)_72.7 x 53.0cm mixed media

함께하는 삶.
산다는 것은 만나는 것이다.
만난다는 것은 같은 길을 함께 걷는 것이다.

1893년에 설립된 합천 쌍백 공소는 고전 서양식 기둥을 가진 건물이어서 이색적인 모습이다. 새벽 2시에 출발하여 해인사, 가야산 IC로 나가서 처음 방문한 곳이 합천 야로 공소인데, 비온 뒤 구름 사이로 비추는 아침 햇살이 눈부시며, 아주 깨끗하고 맑은 느낌이다.

❶ 신원 ❷ 야로
❸ 삼가 ❹ 쌍백

# 공배, 문정, 상중, 생초, 예성 공소

5월 두 번에 걸쳐서 지리산의 노고단과 천왕봉을 등산하였다. 노고단은 우중 산행이었다. 노고단 정상에서는 주변이 모두 운무로 덮여 있으며, 바람이 굉장히 세게 분다. 바람소리를 녹음하여 들어보니 '자연의 소리란 이렇구나' 라고 새삼 느끼게 된다. 80대 중반이신 아버지께 노고단 전경과 소리를 녹음한 파일을 보내드리니 어머니와 젊은 시절 노고단을 올랐던 추억이 떠오르신다고 한다. 장수, 함양, 산청 등지의 아름다우신 성모님들을 뵈어서인지 노고단 오르는 길에 묵주 기도가 저절로 잘 된다.

지리산 천왕봉은 대장군 아버지 같은 느낌이다. 천왕봉 위의 바람은 너무너무 세서, 새들도 바람에 몸이 마구 뒤집혀지는 듯 보인다. 그 험한 바람을 맞고도 잘 서 있는 꽃, 나무, 풀 등에서 진한 생명력이 느껴진다. 내려오는 길에 무릎이 아파서 겨우겨우 내려오느라, 한편으로는 천천히 지리산을 느끼고 오래 음미하

며 내려올 수 있어서 좋았다. 내려오는 길에 돌 쌓은 곳을 지나왔는데 인간이 쌓은 돌탑들이 모여서 여러 가지 모양의 돌 박물관을 이루고 있다. 폭포수의 흐름 또한 경쾌하고 자연의 소리를 내고 있다. 칼바위 틈새에 핀 진달래와 폭포가 대비되며, 강함과 약함이 대비되면서도 양자의 공존을 느끼게 한다.

공소 방문시 산을 등산하는 것이 꼭 필수적인 것일까 많이 생각하였다. 그러나 공소를 방문할수록 공소 주변의 지형지리와 자연을 자주 접하게 되면서 진중해지고 정서적으로도 그곳의 자연에 스며들게 된다. 그래서 지금 공소그림을 그리면서 정말 그러기를 잘한 것 같다. 캔버스에 공소와 성물 등을 이미지콜라주로 배치한 후 주변 산의 특징과 실루엣으로 여백을 마무리하면 안성맞춤이지 않은가.

함양 공배 공소는 한옥으로 중정 마당을 가지고 있다. 성전은 현재 사용을 안 하는 듯하다. 함양 문정 공소는 독일인 신부님이 계셨던 곳으로 공소 외벽 모서리에 아주 작은 성모님이 서 계신다. 붉은 장미꽃과 아름드리 나무가 어우러진 공소의 모습이 아름답다. 동네 신자분이 문을 열어 내부를 보여주셨는데, 일반 가정집의 한 칸이 제대가 있는 공간으로 훌륭하게 마련되어 있다.

산청, 함양(지리산)_90.9 x 65.1cm mixed media

산청 상중 공소는 지리산 자락에 있으며, 정원이 관목과 돌들로 잘 가꾸어져 있으며, 큰 종이 종탑이 아닌 별도의 공간에 놓여 있어서 인상적이다. 산청 생초 공소는 마당에 잔디가 잘 조성되어 있으며, 건물 외관은 서양식이나 내부의 창호와 조명 그리고 노출되어 있는 들보를 보면 전통적인 느낌이 난다. 산청 예성 공소는 내가 방문한 공소 중 가장 최근에 설립된 공소로서 2015년 3월에 공소로 축성된 곳이다. 귀농한 신자들이 만들었다는데, 얼마나 신앙심이 깊으면 공소를 직접 만들까라는 생각과 함께 이것이 자연발생적인 믿음이자 표현, 생각, 행동, 실천이라는 생각에 저절로 경외심이 생긴다.

❶ 문정 ❷ 공배 ❸ 생초
❹ 상중 ❺ 예성

# 부산교구

남산, 무안, 살티, 순정, 하선필 공소

# 남산, 무안, 살티,<br>순정, 하선필 공소

5월 초 경남 영축산과 부산 교구의 공소를 방문하기 위해 새벽 3시 너머 출발하였다. 날씨가 아주 맑고 좋은 날이다. 영축산을 오르는데 어떤 아저씨 한 분이 무거운 카메라를 들고 분주하게 움직이신다. 야생화를 찍으러 왔다고 하시며, 이맘때쯤 볼 수 있는 야생화인 설앵초에 대해 알려주신다. 설앵초는 5개의 하트모양 잎과 꽃의 중앙부엔 오각형의 별 모양이 특징이고 꽃말은 '행운의 열쇠'이다. 이런 기막힌 타이밍과 행운은 길을 떠나기 전에는 전혀 예상하지 못했기 때문에 더욱 은혜롭게 느껴진다. 비로암을 거쳐서 하산하는 길이 복잡하여 머뭇거리는 중에 어떤 남자분이 길을 가르쳐 주신다. 코로나로 인해 다니던 공장의 공장장이 공황장애가 생겼고 본인은 산에 다니고 있다는데 영축산 극락암에 오면 마음이 편해진다고 하신다. 인생에 일면식도 없었지만, 인생의 어느 모퉁이에서 만나게 된 고마운 분들이다.

영축산 근처에는 밀양의 남산, 무안 공소가 있다. 남산 공소는 영축산 하산 후 해질 무렵 도착하였는데, 신자가 아닌 이웃 주민들도 아주 친절하시다. 남산 공소는 피정의 집을 운영하고 있으며, 각양각색의 꽃들과 정원이 잘 가꾸어져 있다. 부지 안에는 오래된 공소건물이 성가정상을 앞에 두고 소공동체 기도실과 도서실로 사용되면서 잘 보존되어 있다.

1868년에 설립된 울주 살티 공소는 부산교구의 아주 오래된 공소로서 잘 보전되고 있다. 공소 입구에는 안내문과 天主敎堂(천주교당)이라는 글씨가 새겨진 비석이 놓여있다. 살티 공소의 제대 위 예수님의 모습은 나무로 깎아서 만들었는데 뭐라고 표현하기 힘든 커다란 감동으로 다가온다. 건물 외벽 종탑 앞에 놓인 작은 천사 조각상들은 비바람에 부서진 곳도 있지만, 너무나 작아서 귀엽고 사랑스럽다.

밀양, 울주(가지산, 영축산)_72.7 x 53.0cm mixed media

1860년에 설립된 울주 순정 공소는 공소의 담과 초 봉헌대 등에 조그맣고 귀여운 천사상이 많이 놓여있어서 독특하면서도 친근하다. 불쑥 찾아온 방문객을 손원모 요한 크리소스토모 신부님과 어머님이 반갑게 맞아주신다. 부산 교구의 공소에 관한 설명도 해주시고 살티 공소를 꼭 가보라고 권하신다.

1852년에 설립된 울주 하선필 공소는 가지산을 지나 영축산 가까이에 위치하고 있다. 해 뜰 무렵인 6시 40분에 공소에 도착하였는데, 언덕길 위에 편안한 모습으로 놓여있다. 문이 열려있으며 실내는 한옥의 실내처럼 들보가 노출되어 있고, 단순한 조형미의 제대가 아름답다. 제대 정면의 벽면에는 짙은 색의 커다란 목재 십자가가 걸려있고 그 표면에 작은 예수님 고상이 올라가있다. 실내는 예술적인 분위기가 있고 오랜 역사가 느껴지고 아늑하다. 의자 위에 놓여있는 안경에서 사람의 인기척이 느껴지고 오래된 것 같은 십자가의 14처 내용이 하나하나 눈에 들어온다.

❶ 무안 ❷ 남산
❸ 살티 ❹ 순정 ❺ 하선필

# 안동교구

낙동, 남적, 모서, 성심, 신상, 아천, 용포, 청리, 화동 공소

당포, 동로, 신현 공소

갱화, 신락, 쌍호, 입암, 재산, 청기 공소

# 낙동, 남적, 모서, 성심, 신상, 아천, 용포, 청리, 화동 공소

6월 중순 홀로 상주, 의성, 달성, 칠곡, 팔공산 등지를 방문할 1박 2일의 일정을 계획하였다. 혼자 가는 만큼 좀 더 꼼꼼하게 공소의 주소와 일반적인 사항 등을 점검하면서 점심때쯤에 출발하였다.

상주 낙동 공소는 실제 위치를 못 찾고 헤매던 중 마침 이순화 글라라 공소회장님 댁이 인근에 있음을 알았다. 책자에 나와 있는 공소의 주소지가 나중에 알고 보면 공소회장님 댁인 경우가 몇 번 있다. 공소 회장님은 친절하게 공소 안내를 해주시며, 반갑게 대해주신다. 낙동 공소는 이름처럼 낙동강 옆에 있으며 파란색 지붕에 붉은색 종탑이 있고 공소 실내는 소박하고 아늑하다. 낙동 공소 회장님의 인연으로 그 이후 방문하여 공소 예절을 지역 신자들과 같이 드리다보니 공소예절의 형식과 내용이 더 잘 이해된다. 공소 좌우 의자에 남녀 따로 앉으시고, 남성동 본당에서 두 형제님이 오셔서 강론 봉사를 해주신다. 공소 예절을 진행하며, 주 1회 이런 시간을 갖는 것은 삶의 비타민과도 같은 시간이라는 생각이 든다. 우리가 미사 시간의 성체 성사를 통해 늘 새롭게 태어나고 한 주를 주님의 은총 속에서 보내듯이 말이다.

상주 남적 공소도 내비게이션의 안내대로 도착해보니 실은 공소 회장님 댁이어서 난감해하면서 주변을 서성이고 있는데, 마침 집에서 마을회장 아드님이

나와서 공소 안내를 하고 문을 열어주신다. 남적 공소는 작으면서도 신심이 느껴지는 공간이다. 주변 산에서 난 돌로 돌담을 만들고 마을을 형성하고 있다는 점이 특징이다. 상주 모서 공소는 첫 방문시 문이 닫혀서 내부를 보지 못하였는데, 앙드레 부통 신부님의 벽화 작품을 보려고 두 번 방문하였다. 앙드레 부통 신부님이 벽면마다 그리신 성화가 너무 아름다워서 오래 머무르고 싶다. 공소 들어가는 입구에는 귀여운 웃는 얼굴이 그려진 것 위에 캘리그래피로 다음과 같이 쓰여있다.

부서지고...깨어져도...
사랑합니다!
고맙습니다.

상주 성심 공소는 첫 방문과 동시에 저녁 미사도 드리고 싶어서 미리 공소회장님과 연락을 하여 미사 시간과 참석 가능 여부를 미리 파악해두었다. 공소 주변에서 길을 못 찾아서 헤매는데, 할머니 한 분을 만나서 위치를 물어보니 언덕 위에 있다고 한다. 공소 주변에서 헤매고 있다가 우연히 안내자를 만나는 기분은 늘 좋다. 마침 할머니께서 미사에 가는 길이어서 같이 모시고 언덕길을 차로 올라오고 주차는 할머니의 집 바로 앞에 하였다. 할머니는 겨울에는 추워서 마을회관에서 밥 먹고 주무신다고 말씀하신다. 저녁 해가 지고 불 켜진 언덕 위 공소의 모습이 더할 나위 없이 아름답고 따뜻하게 다가온다. 공소 안에서는 자매, 형제님들이 미사 준비를 하면서 얘기를 나누고 계신다. 반말이 오고 가는 격의 없는 분위기이며, 회장님이 나를 소개하자 모르는 방문객임에도 모두들 반갑게 맞이해 주신다. 어르신들 다리를 쭉 펴서 앉아계시고, 성가와 독서를 미리 한 번씩 해보고, 미사 시간이 다가오니 어린 학생 2명이 와서 반주를 해준다. 주임신부님은 김지성 안토니오 신부님이시다. 밝은 표정으로 신자들과 얘기를 주고받으시면서 제대 위에 미사 준비를 하고, 옷을 갈아입고 나오신다. 강론 중에 조선 중기의 문신 주세붕과 거위에 관한 일화를 얘기하시면서 지혜라는 것은 정의하기는 어렵지만, 우리가 쌓아야 할 덕목이라고

하신다. 나도 그렇게 지혜로운 사람이 되고 싶다. 성심 공소에서도 앙드레 부통 신부님의 성화 벽화가 거룩한 공간을 만드는 데 큰 역할을 하고 있다.

메모해 간 주소가 정확하지 않은 지 이리저리 공소를 찾던 중 길가는 할아버지가 상주 신상 공소의 위치를 알려 주신다. 문이 잠겨 있어서 두 번째 방문에서야 비로소 내부를 볼 수 있다. 신상 공소의 외부는 다소 단조로운 느낌이지만, 내부의 제대 정면 벽면에는 성경 내용을 그림으로 묘사한 앙드레 부통 신부님의 벽화가 가득 채워져 있다.

상주 아천 공소는 문경새재를 지나서 위치하고 있다. 언덕 위에 있어서 마을 입구에 들어서기 전에 이미 멋진 모습을 보여준다. 가까이 가니 공소 입구에 할머니 3분이 계신다. 공소는 신자들이 늘 산책하고 걸어다니며 운동도 하는 생활 속에 어우러진 공동체 공간임을 다시금 느낀다. 그 중 한 분의 할머니는 자신의 고조할아버지가 구미에서 나무를 해서 성전을 지었다고 얘기해 주신다. 오래되어서 더욱 아름답게 남아 있는 곳이 공소인 듯하다. 마당을 걸어다니던 한 할머니께서 예수님 상 앞에서 기도하고 인사드린다. 공소

의 문은 이웃 마당에 있던 아주머니가 열어주신다. 아천 공소는 마을 주민들이 일하면서 생활하면서 공동으로 관리하고 있다는 느낌이 든다. 두 번째 방문하여 일요일 오전 8시 미사에 참석하였다. 신부님이 오시고, 미사를 준비하시고, 남정숙 로사리아 공소회장님이 나를 소개해 주시는데, 어느 할머니 한 분이 나보고 이곳으로 귀농 왔으면 좋겠다고 하신다. 신기룡 안드레아 신부님 말씀이 아천 공소가 지어진지 85년이 되었으며, 신부님 7명과 수녀님 14명을 배출했다고 하신다. 역시 열심히 믿음 생활하는 곳에서 좋은 결실이 있나보다. 1월 초라 아직 제대에는 성탄 구유가 있다. 천장 조명의 형광등이 십자가 형태이며, 들어가는 철문에도 큰 십자가가 2개 좌우로 장식되어 있어서 이곳이 주님의 집임을 확실히 알려주고 있다.

산과 과수원, 들판이 둘러싸고 있는 상주 용포 공소는 길가에 위치하고 있으며, 작고 소박하지만, 낡은 공소에 사람이 모이고 미사가 있으니 더없이 기쁜 분위기이다. 박철현 가브리엘 보좌신부님이 인사발령 전 마지막으로 오신 미사라고 한다. 서로 석별의 정을 나누는 모습이 아름답다. 제대 옆 작은 방에 잔칫상이 놓여있다. 몸이 불편하신데도 할머니께서 맛있는 도토리묵을 만들어서 가지고 오셨다. 아침, 점심을 제대로 먹지 못해 시장하던 차라 묵밥 2그릇을 뚝딱 비웠다. 가난한 공동체에서 얻어먹은 성찬은 어디에도 비할 수 없이 맛있다. 맛있는 묵밥에 대한 감사로 공소 1년 제대초를 봉헌하고 신부님과 공소신자들의 마지막 사진도 찍어드렸다. 앙드레 부통 신부님의 성화 벽화를 배경으로 화사한 미소를 띄고 사진을 찍는 이분들의 모습은 눈부시게 아름답다.

상주_90.9 x 65.1cm mixed media

상주 청리 공소는 용포 공소 미사 시간에 뵌 박철현 가브리엘 보좌신부님이 청리에서 미사를 하고 오셨다고 하여 더 눈여겨보았다. 성체가 모셔져 있고 규모가 크고 정리가 잘 되어있다. 이동 중에 주변 산세를 보면 저 멀리 속리산, 마이산, 덕유산, 가야산 등이 병풍처럼 둘러져있다. 제대에는 앙드레 부통 신부님의 성화그림이 그려져 있다. 조선시대 선조들의 모습으로 성화를 표현한 것이 인상적이다.

화동 공소는 화동 면사무소 인근 번화가에 위치하고 있으며, 외관이 하얀색과 아이보리색으로 따뜻한 느낌이다. 화동 공소 성전내부에도 부통 신부님의 성화가 아름답게 그려져 있다. 하느님과 성부, 성자, 성령이 한 화폭에 표현된 성화 그림이 참 좋다. 풍금이 있고, 깨끗하고 정갈한 모습의 실내이다. 제대에는 나무 공예로 만든 성모님의 모습이 너무나 독특하다. 신앙심을 표현하는 사람들의 창의성과 정성이 느껴지는 작품이다.

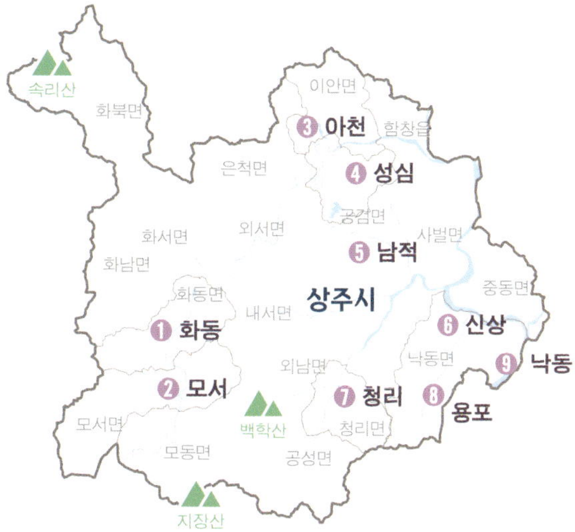


❶ 화동 ❷ 모서 ❸ 아천(감바우)
❹ 성심 ❺ 남적 ❻ 신상
❼ 청리 ❽ 용포 ❾ 낙동

# 당포, 동로, 신현 공소

5월 충북 단양 소재 소백산을 영주시 풍기읍 삼가동 비로사에서 올라가 희방사로 하산한 후 택시로 원점회귀 하였다. 산을 오를 때에는 힘이 들기 때문에 천천히 심호흡하면서 마음속으로 기도하면서 오른다. '삶의 모든 헛된 집착을 버리게 하여 주시고, 순수한 열정을 간직할 수 있게 하여 주십시오' 산에 대한 찬미가가 내 입에서 절로 나온다.

산

산은 저에게 기도입니다
부족하고 모자란 부분을 깨치게 해주고
품어주어
치유해줍니다

산은 저의 일부분이고
저는 산의 일부분입니다

산은 영혼의 고향 같은 곳
산마다 냄새가 다르고 느낌이 다릅니다
산은 정복하는 것이 아니라 우리를 안아주는 넓은 가슴입니다
산은 아버지, 어머니, 누나, 오빠. 남편, 부인, 아들, 딸 같은 것입니다
산은 하느님 나라 가까이 있습니다

당포공소

문경(소백산)_53.0 x 45.5cm mixed media

4월 초 이제 겨울을 지나 완연한 봄이 되었다. 목련꽃, 벚꽃도 나무에 주렁주렁 달려있는 즈음이다. 새벽 6시에 고교 동창 순남이와 만나 9시경 경북 주왕산에 도착하니, 의외로 나무에 꽃들이 피지 않은 상태였다. 대전사 뒷배경의 기암을 예전에 우연히 사진으로 보고 무척이나 오고 싶었던 곳인데, 장군봉을 오르면서 내내 그 풍경을 감상하면서 오른다. 백악기 환경에서 오랜 세월을 두고 형성된 주왕산은 유네스코에 지정될 만큼 좋은 절경을 만들어내고 있다. 우리 사람들의 인연들도 이렇게 오래 묵힐수록 더욱 빛이 나면 좋겠다.

문경 당포 공소는 내가 다녀본 전국의 공소 중에서 종탑이 가장 높이 솟아있는 곳이다. 아주 멀리서도 보일 정도이다. 문경 동로 공소는 동로면 소방서 옆 번화가에 있으며, 마을 도로변에 돌계단을 높이 올라가서 언덕 위에 있다. 공소 건물은 돌로 지어졌으며, 규모가 커서 성당 같은 느낌이다. 주변에 있는 봉우리가 둥근 공덕산이 인상적이며, 저 멀리 여러 산들이 겹쳐 있어서 그야말로 첩첩산중이다. 문경 신현 공소는 넓은 들판에 저 멀리 산을 배경으로 저녁 햇살을 받고 있다. 문이 열려서 들어가 보니 정성스럽게 공소를 가꾸는 손길이 느껴지며, 성물들이 햇살을 받아 반짝이고 있으며 아름답고 느낌이 좋다. 예수성심상과 나무공예품 위에 모신 감실이 독특하고 개성이 느껴진다.

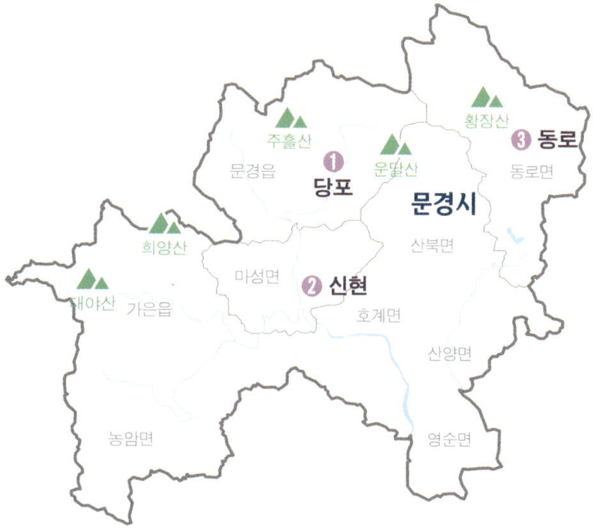
주흘산
문경읍
❶ 당포
운달산
황장산
❸ 동로
동로면
문경시
희양산
산북면
마성면
❷ 신현
대야산
가은읍
호계면
산양면
농암면
영순면

❶ 당포 ❷ 신현 ❸ 동로

# 갱화, 신락, 쌍호, 입암,<br>재산, 청기 공소

4월 말 연휴 기간을 맞아 오랜만에 남편과 함께 등산 및 공소방문을 겸하여 경북 봉화군에 있는 청량산을 가기로 길을 나선다. 입석-청량사-뒷실고개-하늘다리-연적봉-장인봉 6.6km의 구간을 화창한 봄 날씨에 여유 있게 산행한다. 청량산은 그때까지 벚꽃도 피어있으며, 나무에는 연두빛 새순이 올라오고, 보라, 노랑, 아이보리 등의 각양각색의 야생화가 피어있다. 우리나라는 산들도 지역마다 다양한 모습이고 각각의 느낌이 확연히 다르다. 청량산은 탁필봉, 연적봉 등 이름에서부터 글과 선비의 느낌을 물씬 풍긴다. 저 멀리 보이는 산봉우리는 마치 토끼 모양 같아서 올라가면서 나도 모르게 계속 눈길을 주게 된다. 내려오는 길에는 차를 무료로 주는 찻집이 있는데, 주인이 솟대 등을 만드는 공예가이자 시인이다. 아코디언으로 진지하게 연주도 들려주신다. 이 세상 살아가는 사람들 저마다의 다양한 삶의 모습들이 늘 새롭고 다채롭다.

봉화 갱화 공소는 화려하거나 잘 정비된 느낌은 아니지만, 공소 건물 앞에 있는 예수님상에서 인자함과 우리를 보호하는 그분의 사랑이 느껴지는 곳이다. 공소 안에는 빛이 환하게 잘 들어와서 밝으며, 성경책이 펼쳐져 있는 것을 보니 공소 신자분들이 이곳을 평소에 잘 사용하고 있음을 느낄 수 있다.

의성의 신락 공소와 쌍호 공소를 방문하기 위하여 왜관에서 의성으로 향한다. 의성은 어릴 적 외가댁이 있었던 곳이며, 나는 외할아버지 집 건넌방에서 태어났기 때문에 나에게는 고향인 곳이다. 신락 공소는 지금은 미사를 안 드리는 것 같은 분위기이고 노을빛

속에서 쓸쓸한 모습이다. 1891년경에 설립된 쌍호 공소는 100년 이상 오래되었으나, 지금까지도 잘 유지되고 있고 공소 건물과 종탑, 성모님의 모습이 조화롭고 아름답다. 쌍호 공소는 차후에 방문하여 공소 예절을 드리기로 한다. 다시 찾은 쌍호 공소에서 류상호 미카엘 공소회장님이 공소 식구들께 나를 소개해 주신다. 회장님은 대구에 살다 이곳으로 다시 들어오신지 8년쯤 되신다고 한다. 공소를 다녀보면, 교우분들이 은퇴를 하신 후나 여러 가지 이유로 삶의 마지막 여정을 자신이 자란 공소로 회귀하는 경우가 많음을 볼 수 있다. 공소는 이 세상 삶에서 '본향과 같은 곳이다'라는 생각이 든다. 쌍호 공소는 도로가 생기기 전 옛날에는 배를 타고 들어오던 곳이고 박해를 피해서 이곳에 숨어서 자리 잡았다고 한다.

봉화, 영양, 의성(주왕산, 청량산)_90.9 x 65.1cm mixed media

영양 입암 공소에서는 미사 30분 전에 신자들이 묵주 기도를 공동으로 올리고 있다. 봉화 재산 공소는 문이 닫혀있고, 귀농한 신자가 많다고 한다. 영양 청기 공소는 청기면 사무소 바로 옆에 위치하고 있다. 여기에서 안동교구, 마산교구 공소에서 본 멋진 성화를 누가 그렸는지에 대한 궁금증이 드디어 풀렸다. 그 주인공은 바로 2020년 영양성당 달력 그림에 소개된 프랑스인 앙드레 부통 신부님이시다. 궁금증이 풀리는 정말 은혜로운 순간이다. 하느님이 수수께끼를 내시고 해답으로 인도하신다고 생각한다면 과한 상상일까?

① 신락 ② 쌍호 ③ 갱화
④ 재산 ⑤ 청기 ⑥ 입암

# 원주교구

귀래, 대안리, 학산, 황둔, 후리사 공소

근덕, 남평, 삼화 공소

금대, 오상골, 창촌, 추동 공소

# 귀래, 대안리, 학산, 황둔, 후리사 공소

원주 귀래 공소는 2008년에 지어졌으며 뒷산을 배경으로 앞에는 논이 있어서 조망이 앞으로 트여있다. 1892년에 설립된 원주 대안리 공소는 대한민국 근대문화유산이다. 오래된 한옥 공소를 좌식에 맞게 내부를 리모델링하여 정갈하고 아름다운 분위기로 잘 꾸며져 있다. 제대 정면 벽면에 '敬天愛人(경천애인)'이라고 쓴 작품이 있으며, 예수님을 그린 이콘화가 크기가 작으면서 잘 어울린다. '하늘을 공경하고 사람을 사랑하라'라는 글귀가 공소를 다니면서 공소 그림을 그리는 나에게 작품의 주된 핵심 명제로 마음에 와닿았다. 처음에는 문이 닫혀있는 줄 알았는데, 마을 주민들이 문이 열려 있다고 얘기해주신다. 공소 마당에는 나무 평상이 있어서 평소에는 그 마당에서 논다고 하신다. 마당에는 오래된 세월만큼 같이 성장해 온 엄청나게 키가 큰 나무들이 있다.

용소막 성당을 모본당으로 하는 제천 학산 공소는 외벽 마감을 돌로 하여 눈에 금방 띈다. 공소 내부는 스테인드글라스가 실내 분위기를 살리는 화려한 장식이 된다. 공소 주변에는 밭이 있고, 마당은 꽃동산이다. 공소 주변의 개가 나를 순한 모습으로 반겨주는 모습이 인상적이다. 저 멀리 기차가 지나가는 목가적인 풍경이다.

원주 황둔 공소 가는 길에는 원주 지역의 산세가 펼쳐지고 코스모스가 길가에 피어 있다. 황둔 공소는 규모가 꽤 커서 혹시 성당인가 생각이 들 정도이다. 정원에는 해당화 등 꽃들이 피어 있고, 나비가 날아다니고 닭이 소리를 낸다. 황둔 공소도 학산 공소처럼 돌로 외벽이 마감되어 있다. 같은 지역에 있는 공소들은 형태를 비롯해서 여러 면에서 유사한 점이 많은 것 같다.

1880년에 설립된 원주 후리사 공소에 도착하였으나 문이 닫혀있다. 잠시 서 있는데, 바로 근처에서 기다렸다는 듯이 형제님이 나타나셔서 문을 열어주신다. 박종섭 힐라리오 공소회장님이라고 하시며, 인근에 주교님을 뵙고 막 나오시는 참이라고 하신다. 이곳은 옛날 마을 이름이 후리사 마을이고, 후리사라는 절 이름을 그대로 공소 이름으로 사용하는 특이한 경우라고 하신다. 후리사 공소예절에는 30~40명이 참석하며, 은퇴 사제관이 옆에 있어서 주교님이 미사를 집전하실 때도 있다고 한다. 공소는 2005년에 리모델링하였으며, 본인은 2005년에 이주해 왔으며, 뇌경색으로 인한 마비가 있었으나 주님의 은총으로 다 나았다고 하신다. 후리사 공소에 미사를 드리러 두 번째 방문하게 된다. 아침 8시 어느 형제분이 성당 종을 치니 종소리가 청아하게 아침 공기를 가르며 울려 퍼진다. 신자들은 어스름한 겨울 새벽길을 걸어오거나 차로 와서 이미 공소에 모여있다.

원주, 제천(치악산)_90.9 x 65.1cm mixed media

후리사 공소 미사에서 김태진 베네딕토 신부님의 강론 말씀은 다음과 같다. 우리가 세상에 온 목적은 하느님이 우리를 보내신 이유는 다 다양하나 공통점이 있다. “우리는 하느님께 공경과 영광을 드리기 위해 세상에 파견되었다.” 세상에서 ‘너희는 빛이고 소금이다’라고 하신다. 미사 후 신부님께 이틀 전 금요일 저녁미사를 금대 공소에서 했다고 하니 유독 반가워하신다. 알고 보니 신부님은 초등학교 5학년 때 원주로 나오시기 전까지, 금대 공소를 다녔고 첫 영성체는 풍수원 성당에서 했다고 하신다. 금대 공소는 10년 전 새로 지었으며, 금대 공소 출신 사제 및 수도자가 네 분이 계신다고 하신다. 이런 작은 연결고리에서도 우연을 가장한 하느님의 숨결과 손길을 느끼게 된다. 미사 시간 후에는 교우들은 상을 펴고 아침 식사를 같이 나눈다. 식사를 하고 가라고 권하시지만 다음 일정이 있어 사양하고 자리를 떠난다. 도시의 성당에서는 볼 수 없는 소규모의 훈훈하고 정겨운 모습이다.

❶ 대안리 ❷ 후리사
❸ 귀래
❹ 황둔 ❺ 학산

# 근덕, 남평, 삼화 공소

영동고속도로 상에서 일출과 삼척의 동해 바다를 보면서 가는데, 삼척에서 코로나 확진자가 나왔다는 뉴스가 있어서인지 그 날 휴게소에 차량이 한 대도 없다. 작은 개울가 다리를 지나 언덕 위로 주택 몇 집을 올라가니 삼척 근덕 공소가 나온다. 내부 문이 열려서 들어가니 공소에 비치된 달력의 말씀이 마음을 울린다.

"끊임없이 기도하십시오" (1테살 5.17)
기도하지 않고서는 구원받을 수 없습니다.
기도란 바로 하느님을 만나는 것이기 때문입니다. (2020 교구장 사목교서 中)

우리가 어떠한 처지에 놓일지라도, 어떠한 순간일지라도 할 수 있는 것이 기도이다. 나이가 들어갈수록 기도의 힘이 중요하다고 느끼게 된다. 꽤 높은 경사를 올라온 언덕 위에 공소가 위치하고 있어 동해바다가 훤히 내려다보인다. 때마침 아침 햇살이 비추고 있어서 대나무 숲 가운데 고즈넉하고 단정한 느낌이다.

정선 남평 공소에서 아네스 자매님을 만났는데 커피도 주시고 긴 이야기를 해 주신다. 공소를 지키는 사람들이다. 남평 공소에는 특이하게도 제대 옆에 성체 조배실이 별도로 있다. 잠시 그곳에 앉아 기도문을 따라 읽는데 왈칵 눈물이 난다. 남평 공소는 종합선물

세트 같은 곳이다. 건물과 풍경이 좋고, 사람도 좋고, 성체조배실이 있는 곳이기도 하다. 두 번째 방문에서 남평 공소 미사에 참석한다. 설 다음날이었는데, 신자들이 다 와서 공소가 가득 찼다. 공소의 제대 위 벽면의 예수님 상이 매우 특이하다. 예수님의 얼굴이 언뜻 아녜스 님과 닮은 듯하다. 아녜스의 남편인 전세열 프란치스코 공소회장님은 공소와 관련된 파일을 보여주시며, 공소와 관련된 역사들을 보존하고 계속 기록하고 있다고 하신다. 누군가의 꼼꼼한 기록이 역사가 됨을 느끼게 된다. 아녜스 자매님은 이곳에서 16년 살았으며, 교육관을 지으려고 항아리 장과 청국장 가루를 만들어 판매하고, 그 수익으로 봉고차를 사고, 교육관 내부와 의자도 고치고 농사도 지으면서 열심히 살아왔고 그때가 재미있었다고 하신다. 남평 공소 미사 후 마당에서 신자들이 커피를 나눠 마시면서 담소를 나눈다. 마당 한켠에는 아녜스의 말대로 장독대가 가득 놓여있다.

동해 삼화 공소는 문이 잠겨있었는데, 건물 외관은 검소하고 안정감 있게 느껴진다. 외벽 창문 주위에 하얀 십자가의 형태가 뚜렷하게 표현되어 있다.

동해, 삼척, 정선(두타산, 태백산)_60.6 x 45.5cm mixed media

8월 말 강원 두타산의 숲길은 시트러스 향 같은 시원하고 건강한 향기가 진동하여 심신이 치유되는 느낌이다. 산을 오르는 중에 어제 공소에서 만난 자매님이 몸이 아파서 공소에 못 나간다고 말씀하던 것이 떠올라 자매님의 건강을 위해서 기도를 한다. 무엇보다 사람이 중요하다. 두타산 하산길에 간혹 귀여운 다람쥐가 나타나 시야가 좁은 산행길의 안내자이자 길동무가 되어준다.

1월 말 강원 태백산을 찾았다. 산행 시작부터 눈이 조금씩 오기 시작하더니 정상에 이르자 온통 눈 천지였고 천제단의 바람은 경험한 바람 중 가장 센듯하다. 장갑 낀 손이 꽁꽁 얼어붙는다. 하얀 무채색의 비현실적 공간에 있는 느낌이다. 나무들도 수정 같은 눈꽃으로 단장하고 있다. 눈 위에서 먹을 것을 찾는 새들의 모습도 자연의 일부분으로 생동감 있게 다가온다. 그들의 몸짓이 자연생명의 찬미로 아름답다.

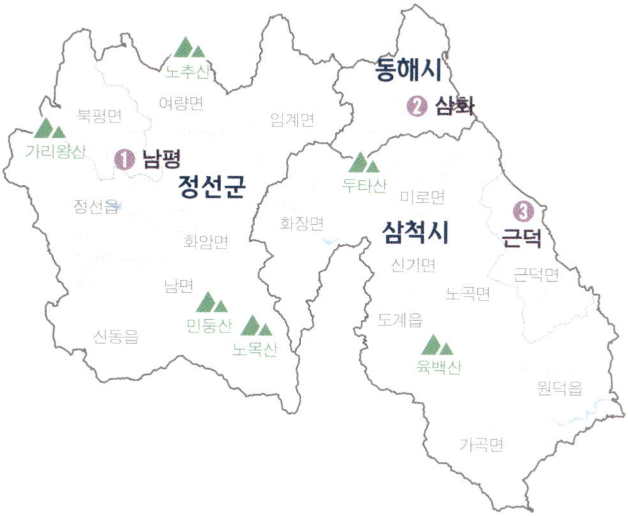
노추산
동해시
여량면
북평면
임계면
② 삼화
가리왕산
① 남평
정선군
두타산
미로면
정선읍
화장면
삼척시
③ 근덕
화암면
신기면
근덕면
남면
노곡면
민둥산
도계읍
신동읍
노목산
육백산
원덕읍
가곡면

❶ 남평
❷ 삼화
❸ 근덕

# 금대, 오상골, 창촌, 추동 공소

3월 말에 찾은 강원 치악산은 봄의 소리가 우렁차다. 다람쥐가 뭔가를 들고 한참 입을 오물오물거리고 있고, 계곡물은 얼음이 녹아서 맑게 콸콸 흐르고 있으며, 야생화, 진달래, 산수유가 피고 있다. 치악산 정상에는 세 개의 탑이 있다. 사람들은 화창한 봄 날씨 뭉게구름 아래 도시의 삶에서 잠시 벗어나 자연에서 치유받고 있는 것 같다.

횡성 금대 공소는 곡선이 가미된 출입구와 벽돌로 마감을 하여 독특한 외관을 가지고 있다. 코스모스 저녁 노을 속 공소는 유난히 아름답게 빛나고 있다. 코스모스가 길가에서 반겨주고, 예수님도 두 팔 벌려 반겨주시고, 공소 입구 좌우에 성가정상과 성모님도 서 계신다. 금대 공소는 미사를 드리기 위해 두번째 방문을 한다. 김마누엘라 수녀님이 공소를 관리하고 계시며, 미사에는 30명 정도 참석해서 공소가 가득 찬다.

횡성 오상골 공소는 흙벽에 통나무로 지어져서 투박한 조형미가 느껴진다. 공소의 내부도 외부의 느낌처럼 자연적이며 투박한 느낌이다. 천장에는 목재 지붕틀과 들보가 노출되어 있으며, 제대는 벽돌로 마감되어 있다. 처마 밑 외부 벽면에 새겨진 글귀가 눈길을 끈다.

당신 집을 향한 내 열정이 나를 불사릅니다. (시편 69.9)

횡성(치악산)_72.7 x 53.0cm mixed media

횡성 창촌 공소도 금대, 오상골 공소와 같이 풍수원 성당 관할 공소인데, 문이 닫혀있어서 내부는 보지 못한다. 마당의 성모동산이 신자들의 정성으로 꽃과 화분들로 아름답게 꾸며져 있다. 횡성 추동 공소는 주변의 산세가 좋아서 풍광이 좋고 탁 트인 대지 위에 작고 아담하게 서 있다. 마침 태풍이 간간히 느껴지는 날씨라서 공소 내부를 들어가는 길손은 안전한 휴식의 장소에 들어선 것 같아서 더욱 아늑하게 느껴진다. 길목마다 있는 마을의 공소들이 이렇게 순례길에 묵상할 수 있는 장소이면 좋겠다고 생각하게 된다. 공소 내부도 깔끔하고 정갈하게 정돈되어 있으며, 4마리의 새가 장식된 종이 특히 눈에 띈다.

❶ 창촌 ❷ 오상골
❸ 금대 ❹ 추동

# 의정부교구

갈곡리, 대광리, 장파리, 주내 공소

가거라
네가 믿은 대로 될것이다.
마태 8.

# 갈곡리, 대광리, 장파리, 주내 공소

파주 심학산은 8월 중순에 약천사를 통해 오른다. 해발 193.5m의 낮은 산으로 30분 남짓 걸으면 어느덧 정상에 이른다. 보슬비가 오고 흐리지만 저 멀리 논밭과 집들이 옹기종기 모여있는 모습이 정겹고 날씨가 화창하다면 임진강과 한강이 만나는 모습이 보일듯하다.

파주 감악산을 11월 중순 감악산 출렁다리를 건너서 오르기 시작한다. 능선 계곡길을 따라서 걷는데 나비가 보여 사진을 찍으려고 숙죽이고 서서 바라보고 있던 그때, 비람 부는 소리가 나고 바닥의 풀잎이 나뉘면서 하얀 뱀이 풀숲을 가로지르는 것이 보인다. 나비가 아니었으면 뱀을 밟았을 수도 있었겠구나라는 생각과 함께 너무나 무서워 가슴을 쓸

어내렸다. 장군봉, 임꺽정 봉을 지나 감악산비가 있는 정상에 오른다. 정상에서 본 것은 뜻밖에도 성모님이 저 멀리 임진강과 한탄강이 흐르는 연천과 그 너머 북한 땅을 향하여 계신 모습이다. 평화를 기원하는 어머니의 모습이다. 뜻밖의 장소에서 뵈어서 더욱 진한 감동이 느껴진다.

파주 갈곡리 성당은 원래 갈곡리 공소였다가 2018년 9월 7일에 본당으로 승격되었으며, 공소가 설립된 지는 120년이 넘는다고 한다. 비 오는 날 도착한 갈곡리 성당은 아름답다. 해바라기와 여러 꽃들, 나무들이 화원을 연상시킨다. 공소 건물은 돌로 지어졌으며, 의정부 교구의 다른 오래된 성당들처럼 꽤 큰 규모의 건물이다. 공소 옆에는 공소 식구가 운영하고 있는 커피 파는 곳이 있는데, 더치커피와 함께 운치 있고 행복한 시간을 보낼 수 있다. 공소 내부의 십자가의 길 14처는 단순하면서도 예술적으로 표현되어 세련되었으며, 초록 가운을 입은 성모님이 아름다운 모습으로 내려다보고 계신다.

연천 대광리 공소는 길가 도로변에 있으며, 규모가 큰 편이다. 마당에는 요셉 성인과 아기예수님, 성모님이 계신다. 어깨 위에 새가 앉아 있고, 두 팔을 벌리고 있는 분이 프란치스코 성인인 듯하다.

가거라
네가 믿은 대로

연천, 파주(감악산, 심학산)_90.9 x 60.6cm mixed media

파주 장파리 공소는 두 번째 방문하여 일요일 오전 7시 30분에 미사를 드린다. 12월의 오전 7시라서, 아직도 밖이 어둑어둑하다. 공소 신자들이 미사를 드리기 위해 도착하기 시작한다. 주차장 차 안에서 보는 가로등 불 아래의 공소와 사람들의 실루엣이 가늘게 내리는 비와 함께 겹쳐진다. 마치 거룩하고 중요한 것을 찾고자 모여드는 비밀 회합을 보고 있는 것 같다.

빗줄기가 제법 굵어지던 때 방문한 파주 주내 공소는 넓은 개인 정원 속에 있는 저택 같은 느낌이다. 순백의 하얀 색 벽면이 아주 젊은 모습의 선이 가는 예수님 모습과 잘 어울린다. 문이 닫혀있으나 몇 번의 경험을 토대로 공소 마당에 있는 화분 밑을 찾아보니 열쇠가 놓여있다. 성전 내부로 들어가니 제대에는 그 어디에서도 볼 수 없던 특이한 스타일의 예수님이 계신다. 지게를 지고 계신 모습인데, 큰 고통을 받고 너무 많은 짐을 짊어지고 있는 것 같아서 바라보고 있으려니 슬픔이 느껴진다. 공소 내부는 단아하고 심플하다. 벽면과 천장, 창문에 별다른 몰딩이 없고 단순한 선을 강조하고 있다. 성수대도 백색의 도자기에 하얀색 동그란 돌들이 놓여있어서 심플하고 정제된 느낌이 든다. 십자가의 길 14처도 그리 크지 않으며 눈높이에 걸려있다. 도대체 누구의 손길일까. 이토록 절제의 미가 잘 느껴지도록 종교 건물을 디자인하다니! 마당에는 키 큰 나무들이 작은 숲을 이루고 있고, 나리꽃, 해당화, 이름 모를 꽃들도 저마다의 생명력을 뿜어내고 있다.

❶ 대광리 ❷ 장파리
❸ 주내 ❹ 갈곡리

# 전주교구

봉암, 부귀, 수항, 소토실, 어은동, 장재동, 평촌 공소

한들 공소

무풍, 번암, 설천, 수분, 철목, 하동 공소

되재, 미남, 백석, 백자, 삼기, 석동, 수청, 신등, 신암, 신전, 용지, 월성, 익산 공소

능교, 동막, 등천, 신기, 신성, 쌍치, 종산, 태인 공소

돈지, 마포, 신광, 심원, 창북 공소

# 봉암, 부귀, 수항, 소토실, 어은동, 장재동, 평촌 공소

3월 초 새벽 6시경 일명 호남의 지붕이라는 전북 진안 마이산으로 향하였다. 마이산의 독특한 풍경을 본 후 진안 지역을 중심으로 공소 탐방을 시작하게 된다. 진안 지역의 이 마을 저 마을에 흩어져 있는 공소를 다니다 보면, 공소 어디에서나 마이산의 두 봉우리가 눈에 들어온다. 마이산의 봉우리를 등산하려고 이듬해 3월 중순 남편과 함께 마이산을 올랐다. 얼음이 녹고 완연한 봄날씨이다. 숫마이봉, 암마이봉, 비룡대를 보았다. 실제로 마이산 정상에 올라보니 진안과 그 주변의 골짜기 그리고 옹기종기 터를 잡고 있는 마을들이 한 눈에 내려다보인다.

1885년에 설립된 진안 봉암 공소는 미사를 드리는 공소이며, 꽃이 피면 더 아름다울 것 같다. 실내는 단정한 분위기로 제대 위도 깔끔하고 정갈하게 정돈되어있다. 진안 부귀 공소는 규모가 크고, 평지에 있다. 진안면 길가에 있는 소토실 공소도 미사를 하는 곳인데, 문이 닫혀 있다. 1890년에 설립된 진안 수항 공소는 실개천 옆에 있는데 문이 닫혀 있다. 근처 마을 입구에 있는 비석에 새겨진 배상호 시인의 '동반자'란 시가 눈에 들어온다.

## 동반자

배 상 호 作

밤은
어둠을 홀로 지키지 못해
별빛과 나누어 가지고

낮은
밝음을 혼자 차지하지 못해
구름과 나누어 가지고

개나리는
노란 꽃잎을 홀로 피우기가 민망스러워
꽃샘추위와 어울려 피고

삶은
저절로 즐거울 수가 없어
때때로 괴로움과 더불어 함께 산다.

특히 시 구절 중 더불어 살아간다는 말이 마음을 울린다.

1888년에 설립된 너와 지붕을 얹은 한옥 구조의 진안 어은동 공소는 볼 때마다 좋다. 2015년에 공소 마당에서 이젤을 펴고 그림을 그린 지 벌써 4년이 흘렀다. 오후 5시경에 도착하였는데 햇살도 따사롭고 평소와 다르게 신자들이 드문드문 오신다. 여쭤보니 한 달에 한번 있는 미사가 조금 뒤 5시에 있다고 한다. 우연이지만 너무나 놀랍고 감사한 일이다. 공소에 대한 막연한 관심을 가지고 가벼운 마음으로 진안의 여러 공소들을 방문한 것이고, 애당초 전국의 공소를 그림에 담겠다고 생각은 했지만 막상 일을 시작하자니 너무 큰 일 같아서 부담스럽고 지금까지 들인 노력의 몇 배나 들 것이라는 생각에 엄두를 못 내고 있었다. 그런데 우연의 일치인지 공소 프로젝트 첫 방문지인 어은동 공소에서 한 달에 한 번 있는 미사시간이 우연히 방문한 시각과 일치한다는 점이 놀라웠다. 「공소에 스미다」를 도모하는데 있어서 힘찬 첫 발걸음을 뗀 것 같으며, 주님이 주신 큰 은총으로 느껴진다.

어은동 공소 미사에는 신부님과 수녀님, 공소 식구 21명이 참석하였다. 신부님은 강론 중에 1901년생 함석헌을 소개하시며 현대사의 큰 스승이라며 그의 시 '그대는 그런 사람을 가졌는가' 를 직접 낭독해 주신다. 그날 처음 들은 시였는데 이런 멋진 시를 오늘 알게 되었으니 얼마나 감사한 일인가. 시에 나오는 그런 사람을 나도 가지고 싶다는 마음은 그저 욕심일까. 우선 내가 "그런 사람"이 되어야 하겠지. 살면서 끊임없이 시도해봐야겠다.

## 그대 그런 사람을 가졌는가

함석헌 作

만 리 길 나서는 길
처자를 내맡기며
맘 놓고 갈 만한 사람
그 사람을 그대는 가졌는가

온 세상 다 나를 버려
마음이 외로울 때도
"저 맘이야" 하고 믿어지는
그 사람을 그대는 가졌는가

탔던 배 꺼지는 시간
구명대 서로 사양하며
"너만은 제발 살아다오" 할
그 사람을 그대는 가졌는가

불의의 사형장에서
"다 죽어도 너희 세상 빛을 위해
저만은 살려 두거라" 일러줄
그 사람을 그대는 가졌는가

잊지 못할 이 세상을 놓고 떠나려 할 때
"저 하나 있으니" 하며
빙긋이 웃고 눈을 감을
그 사람을 그대는 가졌는가

온 세상의 찬성보다도
"아니" 하고 가만히 머리 흔들
그 한 얼굴 생각에
알뜰한 유혹을 물리치게 되는
그 사람을 그대는 가졌는가.

진안(마이산)_116.8 x 80.3cm mixed media

1890년에 설립된 진안 장재동 공소는 실개천이 흐르는 옆에 배산 임수의 경관이 트인 곳에 위치하고 있다. 하얀색 벽면 출입구에 있는 커다란 황금빛 십자가가 강조되어 보인다. 소담한 모습이 예뻐서 공소 둘레길로 개발되면 좋을 듯하다. 실내에는 오랫동안 사용은 하지 않은 듯하지만, 풍금이 놓여있어서 그 존재만으로도 공간에 음률과 리듬을 만들고 있다. 어은동 공소 들어가는 길목 입구에 위치하고 있는 진안 평촌 공소는 현재는 사용되지 않지만, 규모가 큰 서양식 벽돌 건물이다.

❶ 봉암 ❷ 부귀
❸ 수항 ❹ 장재동 ❺ 소토실
❻ 평촌 ❼ 어은동

# 한들 공소

마이산은 두 봉우리가 말의 귀 모양을 닮았다고 해서 마이산이라 부른다. 언덕 위에 위치한 진안 한들 공소에서 보면 마이산의 두 봉우리가 보이고, 직접 걸어보기도 한 능선길이 곡선을 따라 섬세하게 눈으로 읽혀진다. 한들 공소에서 보는 마이산의 해 지는 풍경이 참 아름답다.

❶ 한들

진안한들공소_116.8 x 80.3cm mixed media

# 무풍, 번암, 설천,
# 수분, 철목, 하동 공소

4월 중순쯤 고교 동창 순남이와 같이 덕유산에 올랐다. 덕유산은 이름처럼 덕이 있고, 유유자적한 산인가 보다. 무주구천동 계곡길 따라 올라가는 길이 돌에 부딪혀 여러 모양으로 형태를 이루는 폭포수의 청량한 소리를 들으면서 산을 올라간다. 정상까지 가는 길은 길지만, 고도가 서서히 높아지고 오르막과 약간의 평지가 번갈아 나타나서 편하게 걸을 수 있었고, 마음도 덩달아 청량해진다. 해발고도 1,614m의 정상 향적봉에 다다르니 고산지대의 식물들이 있고, 정상에 서니 덕유산 주변의 산들이 굽이굽이 펼쳐져 있다. 눈 앞에 펼쳐진 한 폭의 멋진 동양화같다. 정상의 고도가 높아서인지 4월인데도 눈발이 날리고 손이 시렸다. 어떤 아이가 사람들이 쌓은 기원탑에 돌을 얹고 기도하고 있다. 뭔가를 기원하는 것은 좋은 방향으로 나가고자 하는 마음이 있기 때문이리라. 아이의 곧은 마음과 나이에 비해 진지한 모습을 보면서 내 마음이 찡하다.

1883년에 설립된 무주 무풍 공소는 무풍면 행정복지센터 인근에 있다. 마리아 구역장님이 공소 옆에 사신다. 사과 농사를 지으신다며, 장수 사과주스를 가지고 오셔서 주신다. 공소의 종탑은 위험해져서 예수성심상을 모셨다고 한다. 실내에는 제대 양 옆으로 예수 성심상과 성모님상이 자리하고 있으며, 벽면에는 굉장히 두껍게 양감 있게 조각된 십자가의 길 14처가 눈길을 끈다. 장수 번암 공소는 산을 배경으로 정말 멋진 장소에 자리 잡고 있다. 벽돌 외벽과 파란 지붕의 공소 건물은 규모가 큰 편이다. 마당에는 정원수와 나무들이 아름답게 잘 가꾸어져 있다. 성당 내부는 제대 양옆으로 창이 있는데, 연회색의 커든이 가지런하게 걸려있다.

반딧불이의 고향 무주 설천 공소를 방문한다. 덕유산과는 20분 거리에 있으며 설천면 번화가에 있다. 종탑 대신 종탑의 크기만큼 높이 솟은 하얀 십자가가 눈에 띈다. 1893년에 설립된 장수 수분 공소는 해발 530m의 뜬봉샘 생태마을에 있으며, 수분재 고산지대에 위치하고 있다. 이곳은 몸 담고 있는 대학의 제자이자 졸업 후 조교로 근무하고 있는 황인징 선생의 고향이기도 하다. 주변 산의 형태는 둥글고 완만한 곡선형태이다. 2월 초에 미사를 드리러 재방문한다. 신부님, 사무장, 수녀님 두 분이 장수본당에서 오시고, 공소회장님이 전례를 보며, 미사 후 신부님이 축일을 맞은 교우들을 축하해 주신다. 강론 말씀에서 주님봉헌축일을 맞이하여 초 봉헌에 대하여 얘기하신다. "초는 완전히 태워져야 제 역할을 다 하는 것처럼 우리의 삶도 주님처럼 완전히 불태워서 봉헌하라"고 하신다. 공소 안은 신자들로 가득 찼으며 그 중에는 할머니와 함께 참석한 13살 어린이도 있다. 집으로 돌아오는 길에서 본 덕유산의 설산 봉우리가 멋있다.

무주, 장수(덕유산)_60.6 x 45.5cm mixed media

무주 무풍 공소를 가려다 내비게이션이 알려준 곳에 다다르니 개울가 옆 낯선 곳이다. 마침 어떤 자매님 한 분이 버스를 기다리고 있어서 말을 건네게 되었다. 마리안나 자매님은 이곳이 무풍 공소가 아니라 무주 철목 공소이며 지금은 사용 안 한다고 알려주신다. 철목 공소는 시어른이 다니신 곳이며, 예전에는 한 달에 두 번 신부님이 오셨다고 한다. 자매님은 폐허가 된 기와집의 공소 뒤편의 가건물에도 들어가보라고 권하신다. 외관은 볼품없지만, 실내에는 성경책과 여러 책자들이 꽂혀있는 책장, 예수성심상, 성모님상, 특히 아름다운 성가정상, 십자가, 하얀 보가 덮여있는 테이블 제대 등이 있다. 비록 건물은 점점 허물어지고 있지만, 여전히 신앙을 가진 분들의 체취가 느껴져서 좋았다. 사진에 담고 나오니 마리안나 자매님이 아직도 웃으시며 서 계신다. 내가 공소에서 나오고 나서야 마라안나 자매님이 기다리던 버스가 왔다. 잠깐 스친 인연이었지만 마치 예정된 만남처럼 진한 여운이 남는다.

5월 중순 아침 8시경 비 오고 바람 많이 부는 날 방문한 장수 하동 공소는 울퉁불퉁한 돌담과 뒷산으로 둘러싸여 있다. 운치 있고 아름답다. 하늘을 보니 구름의 이동이 변화무쌍하다. 분홍빛의 은초롱 꽃은 비를 맞아서 더욱 선명하고 초롱초롱하다.

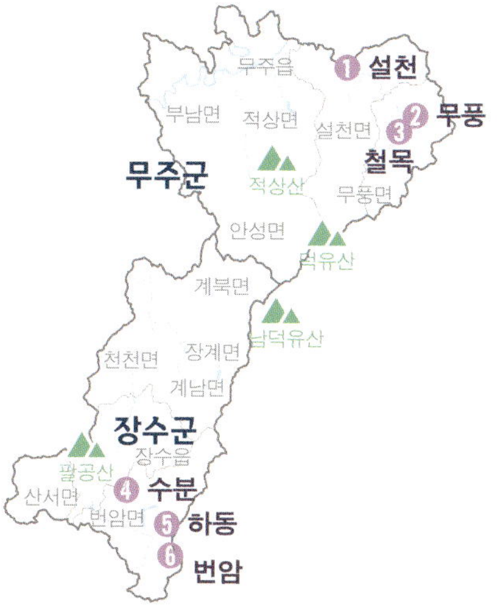

❶ 설천 ❷ 무풍
❸ 철목 ❹ 수분
❺ 하동 ❻ 번암

# 되재, 미남, 백석, 백자, 삼기, 석동, 수청, 신등, 신암, 신전, 용지, 월성, 익산 공소

5월 중순 김제, 익산 지역의 공소를 방문한 후 전북 모악산 등산과 저녁에는 충남 홍성에 계시는 시어머니를 뵈러 갈 예정으로 남편과 길을 떠났다. 여행은 홀로 갈 때와 누군가와 같이 갈 때가 느낌이 다른 것 같다. 혼자 갈 때는 조금은 고독하지만, 자신과의 대화를 충실히 할 수 있고 생각을 잘 정리할 수 있으며, 내면에서 들리는 소리와 자연의 소리를 더 잘 들을 수 있다. 반면 누군가와 같이 갔을 때는 나한테 집중되어있는 좁은 생각을 넓힐 수 있으며, 상대방을 통해 나를 바라볼 수 있으며, 서로 도움을 주고받게 된다. 그래서 여행 후 누군가와 같이 갔을 때의 찍었던 사진이 추억으로 남아서 사진을 볼 때마다 여행의 순간들이 더 애틋하게 다가오는 것 같다.

한국 최초의 한옥 성당인 완주 되재 공소는 1890년에 설립되었다. 「성당을 그리다」와 「성당을 새기다」를 준비할 때 야외에서 그림을 그렸던 곳인데 이번에는 공소로 다시 만난다. 공소회장님의 말씀으로는 평소에는 본당 나가서 미사를 드리고, 한 달에 한 번 공소에서 미사가 있다고 하신다. 여러 번 가려고 하였으나 코로나 때문에 미사에 참여할 기회를 후일로 미룬다. 되재 공소 실내 제대 위에 있는 나무로 조각된 베드로와 바오로 성인상, 제대 위 십자가에 옆모습으로 계시는 예수님의 모습이 예술적으로 아름답게 느껴진다. 오래된 공소에서는 그 역사만큼이나 오래되고 진귀한 성물들을 많이 보게 된다.

1887년에 설립된 완주 미남 공소에 도착하니 가로등에 불빛이 들어온다. 어느 아주머니가 회장님 댁을 알려주었으나 막상 가보니 안 계시고, 나오는 길에 막달레나 자매님이 공소 문이 열려있다고 하면서 안내해주신다. 막달레나님은 매우 친절하고 따뜻한 분이시다. 친정아버지가 공소회장직을 30년 하셨다고 하며, 어릴 적 친성집을 공소로 사용하였다고 한다. 남편은 논산 갈매울 공소 출신이라고 한다. 잠깐의 만남이지만 헤어질 때는 왠지 아쉬운 맘이 든다. 1883년에 설립된 완주 백석 공소에는 차돌빼기 공소라는 명패가 있다.

9월 중순 태풍 타파가 와서 바람이 많이 불고 비가 엄청 많이 내리는 날 아침에 김제 백자 공소를 방문하였다. 마침 공소예절을 막 끝마치고 신자들이 성당에 계신다. 어르신들이 좌우 나누어 의자에 앉아계신다. 궂은 날씨에도 모여서 말씀을 나누는 모습들에서 친근감이 느껴진다. 제대 위의 초에는 아직 촛불이 켜져 있다. 아침 8시경 도착한 익산 삼기 공소는 현대식 건물이다. 마당에는 종탑, 성모님 상, 십자가의 길 14처가 놓여있다. 이렇게 공소 마당에 14처가 별도로 있는 경우는 드물었던 것 같다.

1895년에 설립된 익산 석동 공소는 한 눈에 봐도 그 역사가 깊음을 알 수 있고 규모도 크다. 다른 곳으로 이동하려는데 마침 레지오 단원들이 들어와서 성체조배실을 안내해주신다. 공소와 별도 건물에 마련된 성체조배실에서 기도문을 읽는데 이유를 알 수 없는 눈물이 난다. 석동 공소는 익산의 나바위 성당과 닮았으며, 14처의 글이 옛말 가사체로 되어 있어서 흥미롭다. 이후 석동 공소에서 미사를 드리러 한번 더 방문하게 된다.

사람들은 눈에 들어오는 대로 보지만 주님은 마음을 본다.
(사무엘기 상권 16.1-13)

1888년에 설립된 완주 수청 공소는 무너지고 있는 모습 그대로 보존하고 있는 한편, 바로 옆에 현재 사용 중인 한옥지붕의 공소 건물이 있다. 익산 신등 공소는 함라산 근처, 금강이 흐르는 곳에 위치하고 있다. 주변 경관과 아주 잘 어울리는 위치에 있으며, 문이 닫혀 있다. 김제 신암 공소는 마침 공소 신자들이 미사를 보는 중이시다. 1898년에 설립된 임실 신전 공소는 한옥 내부를 개조하였으며, 레지오 방, 부엌 방이 별도로 있다. 깨끗하게 잘 정리되어 있고, 공소예절 책도 놓여 있다. 마당에는 종탑과 성모님이 계신다. 김제 용지 공소에 도착하니 전 공소회장님이 오셔서 문을 여신다. 마침 오전 10시에 미사가 있어서 신자들이 하나둘 모여들고 계신다. 용지 공소는 6·25 때 피난민들이 모여서 세운 공소이고, 전원섭 타대오 전회장님도 이북 황해도에서 오셨다고 한다. 용지 공소의 마당에는 알록달록 예쁜 꽃들이 피어 있고, 종탑의 지붕과 공소 건물의 포인트 색이 초록색으로 되어 조화미가 느껴진다. 제대 위 예수님은 지금까지 뵌 예수님 중에서 가장 튼튼하고 우리의 모습을 많이 닮은 분으로 느껴진다.

익산 월성 공소는 들어가는 입구의 골목이 정겹다. 현재는 사용되지 않고 있는 듯하다. 익산 공소는 문이 열려있고 마당에 정문현 안드레아 공소회장님이 계신다. 공소에는 성체가 모셔져 있으며, 한복을 입은 성모자상이 계신다. 공소 바닥에는 별 모양이 새겨져 있다. 익산 공소는 외관이 서양식 건물에 팔각지붕이 올라간 특이한 형태이다. 지붕 위의 예수님은 두 팔을 벌리고 마을 길목의 우리를 바라보고 계신다.

김제, 완주, 익산, 임실(모악산)_90.9 x 65.1cm mixed media

1 석동
용안면
망성면
웅포면
용동면
성당면
함라면
함열읍
낭산면
여산면
2 신등
3 삼기
금마면
황등면
삼기면
4 월성
익산시
왕궁면
오산면
5 익산
춘포면
청하면
공덕면
백구면
용지면
진봉면
만경읍
백산면
6 용지
신암
7
8 백자
광활면
성덕면
김제시
황산면
죽산면
금구면
부량면
봉남면
금산면
모악산

되재
대둔산
9
11
백석
화산면
10
12
미남
수청
운주면
경천면
비봉면
봉동읍
고산면
동상면
삼례읍
완주군
운장산
용진읍
소양면
이서면
전주시
상관면
구이면
13 신전
모악산
신덕면
관촌면
신평면
성수산
운암면
성수면
임실군
임실읍
지사면
청웅면
강진면
오수면
덕치면
삼계면

❶ 석동 ❷ 신등 ❸ 삼기
❹ 월성 ❺ 익산
❻ 용지 ❼ 신암 ❽ 백자

❾ 되재 ❿ 미남
⓫ 백석
⓬ 수청 ⓭ 신전

# 능교, 동막, 등천, 신기, 신성, 쌍치, 종산, 태인 공소

3월 초 내장산을 등산하기 위하여 오전 6시에 집을 나섰다. 내장산을 올라가는 길은 묵주기도 어머니의 길이라는 느낌이 든다. 날씨가 따뜻하고, 봄기운이 느껴진다. 똑같은 옷을 입고 있는 국립공원 직원인 듯한  젊은이 두 사람이 앞서가고 있다. 신선봉을 향하여 올라가고 있는데, 어느새 그들은 내려오고 있었다. "신선봉이 얼마 안 남았으니 힘내시고 안전산행하세요"라고 맑고 선한 미소를 지으며 덕담을 해준다. 공소에서 본 성수잔을 받들고 있는 두 천사의 모습이 그들의 모습에서 느껴진다. 천사를 만난 듯한 기분이 든다. 신선봉을 지나 까치봉에서 보는 모습은 장관이다. 저 멀리 첩첩산중 우뚝 솟은 큰 봉우리는 아마도 지리산 같다.

1899년에 설립된 정읍 능교 공소는 지금은 리모델링이 되어있고 규모가 큰 편이다. 언덕 위에 있어서 마을 초입 멀리에서도 잘 보이며, 예수님과 성모님이 마주 서 있어서 마치 서로 얘기를 나누시는 것 같다. 2월 초 방문한 정읍 동막 공소는 내장산 국립공원 가는 길에 있으며, 1897년에 설립되었다. 공소에는 감실이 있으며, 감실 앞에 성경책, 초, 1인용 전기 방석이 놓여 있다. 조금 전까지 누군가가 성경책을 읽고 있었던 모양이다. 이런 흔적들을 보노라면 참으로 삶의 진지함과 평화로운 느낌을 받는다. 동막 공소는 제대가 자개로 장식이 되어 있어 독특하며, 감실의 디자인이 성수와 성체를 도안으로 하여 잘 표현되고 있고, 제대 옆 성모님의 모습은 섬세한 손동작과 함께 마치 살아계신 듯하다. 2013년 이병호 빈첸시오 주교님 방문 기념사진에는 그 당시 신부님과 공소 식구들의 웃음 띤 얼굴들이 있다. 자세히 봐도 선한 사람들의 모습들이다. 공소 마당에는 성모님이 두 손 모아 마을을 향해 서 계시며, 하늘로 향한 종탑 위에는 하느님이 이에 응답하시는 듯 아침 태양이 내리비치고 있다.

1895년에 설립된 정읍 등천 공소는 태풍의 영향권 아래 비가 쏟아지고 있어서 공소 가까이 가서 헤매었다. 주변에 고양이가 있는 예쁜 전통찻집의 자매님께 정확한 위치를 물어보고서야 공소를 찾을 수 있었다. 힘들게 찾아낸 등천 공소는 기와집에 전통 한옥 형태이고, 한눈에 봐도 역사가 오래되었다는 것을 알 수 있다. 등천 공소는 주차장이 넓으며, 정원이 나무와 관목, 꽃들로 예쁘게 가꿔져 있다. 특히나 가을에 피는 붉은 꽃무릇이 종탑 밑에 모여 피어 있어서 무척 반갑다. 성모님은 굵은 빗줄기를 맞으면서 기도하며 서 계신다. 공소 내부는 입식으로 제대는 단이 높여져 있다. 감실이 모셔져 있으며, 제대 중심의 벽에는 예수님 십자가상이 있으며, 성모자상의 모습이 굉장히 선하다. 성수대는 두 천사가 맞들고 있는 형태이다.

1898년에 설립된 정읍 신기 공소는 논 중앙에 노인정 옆에 있는데 한옥구조를 리모델링한 모습이다. 들어가는 입구는 아치 형태의 출입구를 별도로 만들었으며, 입구 상부에는 예수님이 두 팔 벌리고 내려다보신다. 내부에는 교우들이 앉는 의자가 좌우로 정리되어 있고, 한 단을 높인 제대는 벽을 향해 있다. 나무로 만들어진 제대 위의 감실에는 별과 비둘기가 조각되어 있다. 작지만, 역사성도 있고 현재까지 활발하게 사용되는 느낌으로, 이곳에서 언젠가 미사를 드리고 싶다.

1893년에 설립된 정읍 신성 공소는 내장산 바로 앞에 있다. 이전에 방문하여 그림을 그릴 때와는 다르게 집 뒷담을 지나 들어가니 또 다른 풍경의 새로운 아름다움이 느껴진다. 논에는 종이로 만든 새가 바람에 날리고 있다. 신성 공소는 한옥 구조를 그대로 잘 보존하고 있다.

2월 초 새벽 5시 30분 경남 합천의 복녀씨 어머니 댁에서 출발하여, 순창의 강천산 군립공원을 지나 쌍치면사무소 근처 쌍치 공소에 오전 8시경 도착하였다. 한옥을 리모델링하였으며, 마당에 들어서는 입구에는 소나무길이 잘 조성되어 있으며, 예수님께서 두 팔 벌려 반겨주신다. 공소 건물 모퉁이의 좌우 수직기둥에는 세로 나무판 위에 '하늘에는 영광' '땅에서는 평화'라고 적혀있다. 방문했던 날은 주님 봉헌의 날로 공소에 신부님이 오셔서 미사를 올리는 날이다. 실내는 좌우로 신자석이 입식으로 되어 있으며, 제대는 좌식으로 되어있다. 좌석은 공소 교우들로 가득 찼다. 감실, 제대, 십자가 등이 화려하지 않으면서도 아름답다. 천장에 천창을 두어 빛이 은은하게 들어오고, 간접 조명으로 예술적 느낌이 물씬 나는 십자가 부조작품을 비추며, 전통 한지의 창호를 통해 아침 햇살이 은은하게 들어오고 있다. 신부님 강론 중에 '빛과 소금의 봉헌'을 얘기하시면서, "빛은 갇혀 있으면 안 되고, 소금은 짠 맛이 없으면 안 된다"라고 하신다. 세상에 사는 우리들은 서로 각자의 자리에서 빛과 소금의 역할을 하면서 서로를 위해 베풀고 살면 아름다운 사회가 될 수 있을 것이라고 말씀하신다. 미사 중 학생인 듯한 자매님이 풍금 반주를 하고, 미사 후 자매님들은 회합이 있다고 하신다. 마당에는 나무가 많은 만큼 새소리가 많이 나며, 한복 차림의 성모자상은 아침 햇살을 받아서 눈부시다. 공소 주변은 큰 나무들이 우람한 뼈대를 드러내고 있으며, 쌍치면 주민자치센터, 보건소, 노인센터, 소방서, 경찰서 등 편의 시설로 둘러싸여 위치하고 있는 쌍치 공소는 예전이나 지금이나 면면히 잘 이어져 내려오는 보석 같은 장소이다. 돌이켜 보면, 이번 「공소에 스미다」를 준비하는 동안 하루에도 몇 군데의 공소를 다니다 보니 어쩔 수 없이 한 공소에 머무는 시간이 짧을 수밖에 없다. 그래도 마음이 머무는 곳에서는 좀 더 차분하게 머물면서 묵상을 하고자 한다.

순창, 정읍(내장산)_162.2 x 97.0cm mixed media

1890년에 설립된 정읍 종산 공소는 마을 길 안쪽에서 조금 보이는 첫인상이 보통의 가정집을 보는 것 같다. 문은 열려있는데, 겨울철이라 사용을 안 하는 듯 의자가 한쪽으로 정리되어 있다. 바닥에 아무런 장식 없는 소박한 테이블이 있고 초와 햇살을 받은 십자가가 거룩한 느낌으로 다가온다.

1898년에 설립된 정읍 태인 공소는 신태인 성당과 같은 부지 위에 있다. 노란색 외벽과 나무문과 나무 벤치가 있는 한옥 공소 건물과 하얀 지붕의 종탑, 아름드리 나무 등이 빗속에 어우러져 아름답다. 나무 밑 해당화도 빗물에 더욱 그 색깔이 선명하다. 공소 내부도 적절하게 리모델링이 되어있고 실내는 쾌적하고 아늑하다. 실내는 제대가 벽면을 향해 있으며, 좌우 제의방으로 가는 문이 전통 꽃살문으로 되어있고, 오래된 금속으로 조각된 십자가의 길 14처가 벽에 걸려있다. 태인 성당에서 태인 공소로 변경되었기 때문에 성당을 거쳐간 1대에서 7대까지의 신부님들의 사진도 걸려있다. 공소 출입문 안쪽 벽면 상단에는 주보 성인인 소화 데레사 성녀의 모습이 걸려있다.

❶ 태인 ❷ 신기
❸ 종산 ❹ 동막 ❺ 능교
❻ 신성 ❼ 등천 ❽ 쌍치

# 돈지, 마포, 신광,
# 심원, 창북 공소

5월 초 남편과 같이 고창 선운산에 도착한다. 산은 봄의 색을 입고 있다. 시냇물은 흐르고, 두꺼비가 모이고, 누군가가 쌓아 놓은 돌탑의 형태들도 재미있다. 나는 돌탑을 보면 그냥 신기하다고만 생각하고 혹시 무너질까봐 다른 돌은 더 안 올리는데, 남편은 작은 돌 하나를 용감하게 더 올린다. 선운산 천마봉은 널찍한 바위이며 주변 시야가 확 트인 멋진 곳이다.

집에서 오전 5시에 출발하여 8시에 변산에 도착하였다. 혼자 가는 산행길이라 외롭기도 하지만, 그 덕분에 하늘 위 구름도 더 오래 보고 자연에 눈길도 더 세심하게 주게 된다. 관음봉을 보고 내소사로 내려온다. 그 유명한 내소사의 꽃살문을 실제로 보고 우리 선조들의 솜씨와 정성에 감탄한다. 선운산과 변산 주변의 공소들은 어디서나 서해안의 해안가에 가까이 있으며, 선운산과 변산이 저 멀리 보이며, 석양 노을까지 어우러져 아름답게 반짝인다.

벽돌 마감의 부안 돈지 공소는 외벽에 커다란 십자가가 벽돌로 부조처럼 돌출되어 주님의 집임을 더욱 알리고 있으며, 지붕에 예수님이 손을 펼치시고 환대하신다. 규모는 성당처럼 큰 편이다. 제대 옆으로는 고해소가 있다.

부안 마포 공소는 몇 년 전 친정아버지, 시어머님과 함께 변산에 여행으로 왔을 때 들른, 김대건 신부님의 후손과 관계있는 등용 성당의 관할 공소라서 뭔지 모르게 익숙하다. 왜냐면 특히나 모본당의 외관과 어딘가 닮아있기 때문이다. 공소는 도로변에 담장을 두고 위치하고 있다. 공소 앞에는 정원 조경수가 잘 가꿔져 있으며, 좌우로 예수님과 성모님이 서 계신다. 실내에는 제대 쪽 십자가상을 둘러싸고 있는 노란색 아치가 눈에 띈다. 실내에 몇 군데 악센트 색으로 노란색을 쓰고 있는 점이 매우 독특하다. 고창 신광 공소는 문은 열려있으나 현재 사용 안 하는 듯 보인다. 제대로 보이는 검소한 테이블 위에는 성경책과 2개의 촛대와 초가 놓여있다. 그래도 이렇게 주님의 집임을 알려주는 뭔가가 남아 있다는 것은 순례객에게는 큰 의미와 위안이 된다.

天敬

고창, 부안(변산, 선운산)_72.7 x 53.0cm mixed media

선운산에서 하산 후 오후 6시30분 노을이 마지막 빛을 아름답게 뿜어낼 즈음 찾은 고창 심원 공소는 외관은 노란색이고 정면에서 보면, 십자가가 4개나 보이는 귀여운 느낌의 공소이다. 부속 건물들도 컬러풀하게 색을 입혔으며, 파고라와 벤치, 가꾸는 여러 색깔의 꽃 화분들로 아기자기하고 예쁘다. 내부에는 성체가 모셔져 있으며, 제대 앞에는 보랏빛, 분홍빛 꽃들로 풍성한 꽃꽂이 작품이 봉헌되어 있다. 성경책도 펼쳐져 있어 하느님이 같이 계신 듯한 느낌이다. 심원 공소 입구에는 안중근 의사의 손도장과 함께 敬天(경천)이라고 새겨진 판이 놓여있다. 부안 창북 공소는 대지가 아주 넓으며, 서양식 건물로 단정한 모습이고 대지에는 파가 잔뜩 심어져있다.

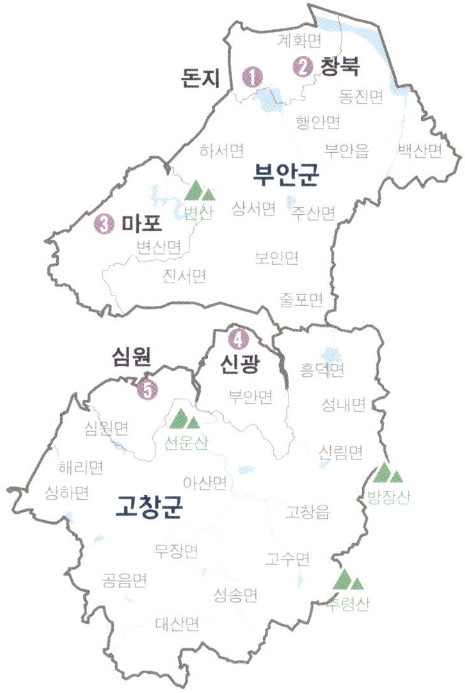


① 돈지 ② 창북
③ 마포 ④ 신광 ⑤ 심원

# 제주교구

마라도, 세화, 조수, 청수, 화순 공소

추자 공소

# 마라도, 세화, 조수,
# 청수, 화순 공소

6월 말 제주도 공소들을 둘러보고, 한라산을 등산하기 위해 2박 3일의 일정으로 제주를 향하였다. 도착한 첫날은 조수, 청수, 화순 공소들을 방문하였으며, 이튿날 한라산을 등산하고 세화 공소를 보고, 저녁에 성체성혈 대축일 미사를 김녕성당에서 드렸다. 제주도를 떠나는 마지막 날 마라도 공소를 방문한다. 한라산을 올라갈 때는 비가 와서 우비를 입었으나 정상 백록담에 발을 딛고 잠시 있으니 파란 하늘과 구름이 나타나면서 백록담이 보이기 시작한다. 백록담에 고인 물이 하트 모양이다. 한라산이 우리나라 가장 남단의 큰 산이라면, 우리 민족의 큰 산은 북으로는 백두산이라 할 수 있다. 7월 백두산의 북파, 서파를 통해 백두산 천지를 보았다. 수많은 중국 사람들과 줄을 지어서서 천지를 보면서

도 백두산의 주인은 한민족이라는 생각을 하게 된다. 백록담과 천지를 중국 장춘성당에서 본 성물들과 함께 제주의 공소 그림에 포함시킨다. 비행기 시간을 얼마 안 남겨둔 상태에서 직접 차로 안내해주셨던 길림성 용수산 식당 김현구 베드로 사장님께 감사하다.

제주 마라도 공소는 주민 50명 정도가 살고 있는 마라도에 있다. 운진항에서 24분 걸리며, 마라도는 대한민국의 최남단이다. 날씨가 맑고 화창하여, 초록빛 언덕길에 푸른빛 바다와 하늘이 맞닿아 있는 풍경은 비현실적일만큼 아름답다. 보랏빛 엉겅퀴 꽃이 이곳저곳에 피어 있으며, 절벽 위 돌 사이에 있는 선인장에는 작고 예쁜 노란색 꽃들이 소담스럽게 피어 있다. 20여 분 걸어서 도착한 마라도 공소는 유선형의 잠수함 같기도 하고, 작고 귀여운 동화 속에 나오는 집 같다. 공소 입구에는 성모님이 반겨주고 계신다. 실내에 들어서니 하얀 그릇의 성수대에 소라 3개가 놓여있어서 섬만의 개성과 특색이 느껴진다.

공소 내부도 외부처럼 벽면과 천장이 유선형이며, 감실, 십자가, 이콘화 등이 예술적이다. 천장의 창에서 비추는 강렬한 밝은 빛이 벽면과 바닥에 선명한 빛을 던지고 있어서 감동이 느껴진다.

주님, 이 성수로 세례의 은총을 새롭게 하시고,
모든 악에서 보호하시어
깨끗한 마음으로 주님께 나아가게 하소서. 아멘

마라도로 가는 배를 타기 전에 들렀던 제주 세화 공소는 문이 잠겨 있었지만, 선교사님이 전화로 비밀번호를 알려주셔서 내부로 들어갈 수 있었다. 외부에서 보기에는 평범해 보이는 건물도 그 안에 하느님이 계시고 섬기는 사람들의 정성이 있고, 성화와 성물이 있으니 사랑과 예술이 깃든 특별한 곳이 됨을 느끼게 된다. 세화 공소 마당에는 수국과 주홍빛 꽃이 가장 아름다운 순간을 보여주고 있다. 지금까지 제주도를 여러 번 와봤지만 무엇을 하러 왔느냐에 따라 매번 느끼고 경험하는 것이 다르다. 마찬가지로 우리의 삶의 여정에서, 지루하거나 의미 없는 길은 하나도 없지 않을까.

제주 조수 공소를 방문했을 때는 부지런히 정원에 물을 주고, 성전의 제대 꽃을 가꾸는 자매님이 계신다. 제대에 봉헌한 수국 꽃꽂이가 너무 예쁘다고 말씀드리니, 자매님은 스스로가 복되다고 하신다. 왜냐하면, 항상 그날 그 주의 의미를 먼저 묵상하고 파악할 수 있기 때문이라고 하신다. 자주빛과 보라빛 등 예쁜 수국 꽃이 만개하여 한창이다. 성모동산에는 야외 제대와 분수까지 배치되어 있다. 자매님은 제주도에 왔으니 알뜨르 비행장을 가보라고 하신다. 새로운 목적지가 생긴다는 것은 언제나 흥미롭다. 우연한 만남을 통해 정보를 얻게 되고 의외의 풍경을 보게 되고, 꼭 가봐야 할 곳에 나를 데려다주는 것 같다.

제주 청수 공소는 외관이 서양식으로 규모가 크고 화려한 편이며, 정원에는 십자가의 길 14처, 십자가, 요셉 성인과 아기예수님이 계시며, 잘 가꿔진 정원수, 야자수, 올리브나무, 꽃들로 아름답게 가꿔져 있다. 공소 내부의 14처는 함축적인 도안으로 예수님 수난길이 잘 표현되고 있다. 성모자상은 단순미가 느껴지며 제대 위 십자가와 감실도 아주 특색있다. 공소에 비치된 엽서의 글이 나를 웃음 짓게 한다.

서귀포시, 제주시(한라산, 백두산)_162.2 x 112.1cm mixed media

월 원래 웃는 날/ 화 화사하게 웃는 날/ 수 수없이 많이 웃는 날/
목 목청 보이게 웃는 날/ 금 금방 웃고 또 웃는 날/ 토 토실토실 웃는 날
/ 일 일찍부터 웃는 날

주님 안에서 늘 기뻐하십시오. 거듭 말합니다. 기뻐하십시오. (필리 4.4)

제주 화순 공소에 도착하니 공소는 작년에 성당으로 승격되었다고 한다. 공소 안마당에는 큰 나무와 벤치가 있고, 나무에 달린 그네를 타고 있는 아이의 모습이 평화로운 풍경이다.

❶ 조수 ❷ 청수 ❸ 화순
❹ 마라도 ❺ 세화

# 추자 공소

6월 초, 홀로 2박 3일의 일정으로 추자도를 가기 위해 해남 우수영여객선터미널에서 퀸스타 2호를 탔다. 추자도는 황사영 알렉시오의 부인이자 정약용의 조카인 정난주 마리아와 그의 아들 황경한의 이야기가 담긴 추자 공소가 있는 곳이다. 추자도 도착 후 숙소에 짐을 풀고 탐방길에 나선다.

이번 일정에서는 오로지 도보로 걸어서 다녀볼 생각이다. 두 살배기 외아들을 낯선 섬에 두고 떠나야 했던 정난주 마리아의 마음이 겹쳐져 안개 낀 나바론 하늘길을 오를 때 눈물이 나기 시작하더니 어느새 통곡을 하고 있다. 낯선 섬에 와서 짙어지는 안갯속을 혼자 가다 보니 나도 모르게 겁이 조금 난다. 섬이라서 언제 안개가 끼고 안개가 없어질지 몰라 안개가 걷히기만을 기다릴 수는 없다. 등대산 정상에 가니 등대 직원이 자전거를 타고 반대편에서 올라온다. 안개가 끼기 시작해서 고동소리를 불려고 왔다고 한다. 밤에는 빛으로 낮에는 고동으로 지나가는 배를 안내한다고 한다. 그분의 길 안내와 염려를 받으면서 나바론 하늘길을 걸었다. 후포 해변에 도착하니 미술관이 있다. 사진전을 하고 있으며, 지인들끼리 파티를 하는 듯하다. 누군가가 소라와 음료수를 주신다. 그곳을 나와 조금 걸으니 여느 성당의 크기만큼 큰 추자 공소가 나온다.

다음날 여전히 바다 안개가 자욱하며 고동 소리는 섬 전체에 계속 울리고 있다. 지도를 보면서 하추자도의 해변 길을, 바다를 조망하면서 계속 걷는다. 신대산 전망대를 지나 눈물의 십자가에 도착한다. 정난주 마리아가 아들을 두고 생이별을 한 장소에 지금은 커다란 십자가가 바위 위에 놓여있다. 자식을 두고 멀리 떠나는 어머니의 마음은 어떠할까. 상상조차 하기 힘들다. 주님을 향한 신앙심으로 모든 고통을 감내한 숭고함이 느껴지면서도 세월 속의 이야기는 슬픔이 되어 지금까지도 전해지는 듯하다. 황경한의 묘에 있는 성모자상은 정난주 마리아와 황경한의 모습으로 오버랩되며 강렬한 느낌으로 다가온다.

추자도(나바론하늘길)_53.0 x 45.5cm mixed media

INRI

추자도를 조금 더 탐방하기 위하여 조류의 영향으로 조금 때는 못 들어가고 썰물 때 들어갈 수 있는 다무래미로 갔다. 마침 썰물 때의 시간을 맞출 수 있어서 가볼 수 있었다. 다무래미의 미끄러운 돌에 살짝 미끄러지기도 하면서 육지에서와는 달리 섬의 생활에는 바다와의 관계에서 다양함이 있구나라고 생각한다. 추자도에서 눈여겨본 것은 등대이다. 초록색, 빨간색의 등대가 장난감처럼 바다와 섬들 사이에 떠 있다. 우리 삶에 있어서 등대는 예수님이라는 생각이 든다. 길을 헤매고 엉뚱한 길로 가기 전에 우리를 바른길로 인도하시어 위험 속에서 구하시는 분이 예수님이시다.

추자 공소는 추자항에서 바라보면, 언덕 위 마을 중심부에 있어서 잘 보인다. 추자 공소에서 저녁 7시 미사에 참석한다. 신부님, 선교사님, 신자분들이 모두 함께 묵주 기도를 하고 계신다. 그날이 예수성심 첫 금요일이며 성 보니파시오 축일이라고 한다. 공소에 비치되어있는 은사와 말씀카드를 뽑았는데, '용기'로 나왔다.

하느님의 영의 인도를 받는 이들은
모두 하느님의 자녀입니다.
(로마 8,14)

공소 실내분위기를 좌우하는 스테인드글라스는 정난주와 황경한의 이야기를 모티브로 디자인되어있다. 제대 위 십자가의 예수님도 우리 주변에서 봄직한 인간의 모습으로 친숙하고 자애로운 느낌으로 다가온다.

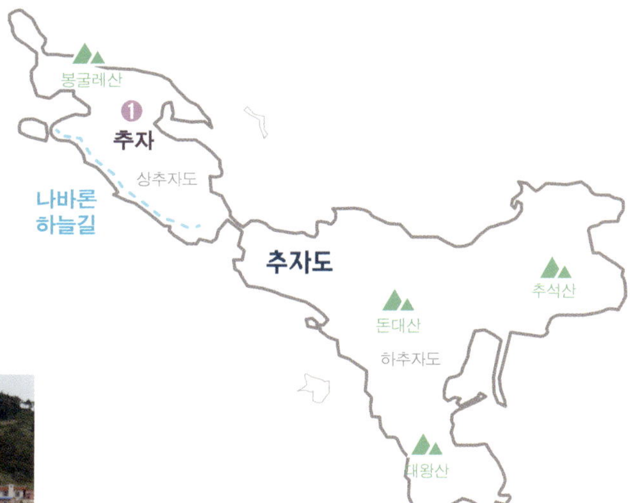


❶ 추자

# 청주교구

덕생, 문촌, 보천, 봉암, 상평, 쌍봉, 소이, 유포리 공소

능암, 모남, 산척, 샘말, 수상, 영죽 공소

가흥, 문동, 백곡, 비룡, 사곡, 새울, 지게바위, 초평, 회인 공소

# 덕생, 문촌, 보천, 봉암, 상평, 쌍봉, 소이, 유포리 공소

충북 음성 지역은 1999년부터 몸담아 온 대학이 있는 지역으로, 감곡매괴성모성당이 있는 곳이다. 이곳은 근무지에서 차로 5분 거리에 있으며, 출퇴근 시 늘 뵙는 어머니의 모습처럼 아름답고 자상하게 품어주는 곳이다. 감곡매괴성모성당이 관할하는 공소는 문촌과 상평 공소이다. 이처럼 성당뿐만 아니라 작은 신앙공동체의 모습을 가진 정감 어린 공소를 탐방하는 기회를 갖게 된 것이 참으로 은혜롭다.

음성 덕생 공소는 야트막한 뒷산을 배경으로 시골 오솔길 옆에 위치하고 있다. 멀리서 보면 베이지와 노란색의 벽면이 주변 나무 및 꽃들과 잘 어우러져 동화 속의 집 같다. 마당에는 성모동산이 있으며 철죽꽃이 한창이다. 주변에는 새가 날아다니고 모를 심는 풍경까지 곁들여져 목가적인 풍경이 일품이다. 공소 안 벽면에는 오래 보관된 듯한 성화와 십자가상이 걸려있다. 1897년에 설립된 음성 문촌 공소는 파란 대문에 파란 지붕의 건물이며, 문이 닫혀 있다. 마당에는 엄청 큰 느티나무가 있으며, 5월 초순의 초록 잎들이 성모 동산을 포근하게 감싸고 있다. 조만간 꽃동산이 될 것 같다. 음성 보천 공소는 원남면사무소 근처에 있으며 도로변에 담장을 두고 있다. 가로로 긴 장방형 형태의 공소 건물은 주황색 지붕과 베이지톤 벽돌로 외벽을 하여 따뜻한 느낌이 든다. 저 멀리 보이는 야트막한 산과 잘 어우러진다.

1890년에 설립된 음성 봉암 공소는 마을 입구부터 어릴 적 살던 고향 같은 친숙하고 고즈넉한 느낌이다. 길모퉁이 집은 추억을 되살리는 그림 속에 나올법한 집이다. 외벽에 커다란 둥그런 시계가 걸려있고 창문과 문틀은 나무로 되어있고, 칠이 벗겨진 하얀 문틀에는 유리가 끼여져 있으며, 안쪽에 커튼을 덧대고 있다. 하나도 장식적인 데가 없는 것이 소박하고 꾸밈없는 삶의 모습처럼 느껴진다. 타임머신을 타고 과거로 온 것 같은 들뜬 마음을 느끼면서 오른쪽으로 눈길을 돌리니 작은 개울천이 흐르고 그 옆에 있는 공소 건물이 눈에 들어온다.

공소의 담에는 사슴이 그려져 있다. 어디선가 할아버지 한 분이 걸어오신다. 당신이 올해 90세라고 하시며, 공소 이야기를 시작하신다. 3살 때 외국인 신부님이 공소에 오시면 수염 있는 할아버지들이 공손히 절을 하고, 신부님은 반말을 하셨다고 한다. 그 당시에는 성당이 있는  장호원까지 걸어갔다고 하신다. 할아버지는 정말 공소에 대한 추억이 많은 것 같고 무척이나 건강해 보이신다. 할아버지를 만나 이런 얘기를 들을 수 있어서 너무 감사하다. 햇살이 눈부신 공소의 커다란 느티나무 아래 새들이 300마리는 더 앉아있는 듯하다. 그 밑에 서니 새들의 멋진 교향곡이 울려 퍼진다. 이 멋진 하모니의 지휘자는 하느님이시다.

음성 상평 공소는 성당처럼 크며, 정원이 잘 가꾸어져 있어 꽃 천지이다. 공소 안에 들어가면 제대 왼편으로 주보성인인 소화데레사 성녀상과 천사상이 거룩한 모습으로 반겨주고 있다. 음성 쌍봉 공소의 입구도 정원이 잘 가꾸어져 있고, 붉은 철쭉꽃 한가운데서 성모님이 기도하고 계신다. 공소 안에서는 공소 식구들이 음성 꽃동네에 가져다줄 음식을 준비하는 중이시다. 공소는 공동체 간 나눔이 있는 멋진 곳이다.

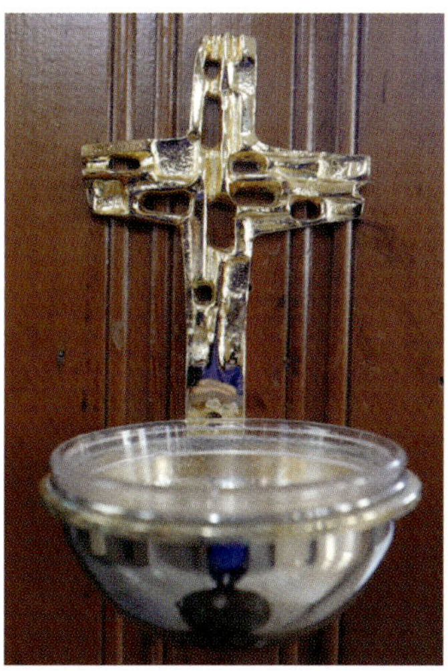

음성_90.9 x 65.1cm mixed media

쌍봉교회
Y.S.Yoon

음성 소이 공소에서는 다른 공소 순례객을 만났다. 공소를 다니면서 같은 시간대에 공소에 방문하는 다른 신자들을 가끔씩 보게 된다. 우리나라의 공소를 가톨릭 신자들이 관심을 갖고 꾸준히 순례하고 있다는 의미일 것이다. 따라서 공소를 방문해서 정서적 평안을 얻을 수 있다면 각박한 도심의 현재를 살아가는 우리들에게 하느님이 계신 본향과 같은 공소의 존재 의미는 크다. 소이 공소는 건물이 크고, 실내에는 미사곡이 오디오를 통해 나오고 있다. 성가가 울려 퍼지는 공소 안은 그 자체로도 평화로움이 느껴지는 공간이다. 소이 공소 마당에는 '가난한 이들의 모후' 성모님이 기도하고 계신다. 음성 유포리 공소도 장축이 긴 장방형이며, 공소로 들어가는 입구 오른쪽에는 공소건물 지붕과 같은 고동색의 지붕을 가진 종탑이 세워져 있다. 공소 안에는 제대 앞에 누군가가 꽃꽂이를 한 흔적이 있다.

❶ 문촌 ❷ 상평 ❸ 쌍봉
❹ 유포리 ❺ 봉암
❻ 덕생 ❼ 보천 ❽ 소이

# 능암, 모남, 산척,
# 샘말, 수상, 영죽 공소

3월 중순에 올라갔던 월악산은 바람이 많이 불고 쌀쌀한 날씨이다. 얼음이 있는 곳도 있었다. 정상인 영봉에서 바라보는 충주호의 모습이 일품이다. 굉장히 소담하고 예쁜 외관을 가진 충주 능암 공소는 돌담 위 약간 높은 대지 위에 위치하며, 개울가를 앞에 두고 마을을 내려다보고 있다. 돌담 옆에는 나무로 만든 계단이 있으며, 경사로로 진입하는 부분도 따로 있다. 공소 입구 왼편 공간에 성모님이 계신다. 크지 않고 화려하지 않으면서 소박한 미가 물씬 풍기는 곳이다. 연 그린색의 불두화와 분홍색, 하얀색 철쭉꽃이 한창이다.

충주 모남 공소는 길가에 있으며, 공소 앞 마당에 밭이 일구어져 있다. 충주 산척면 중심가에 있는 산척 공소는 성당만큼 큰 규모이며, 최근에 지어진 건물 같다. 문이 닫혀 있는데, 전화를 드렸더니 자매님이 오셔서 문을 열어주시고 내부를 안내해 주신다. 공소 교우들은 외지인이 50% 마을 원주민이 50%라고 한다. 자매님은 이곳에 오신 지 10년이 되었으며, 그동안 공소는 더욱더 활성화되었다고 한다. 공소 입구에 있는 성가정상이 정답게 느껴진다. 충주 샘말 공소는 논 옆에 있는 소담한 크기이다. 공소 입구 하얀 십자가 아래 샘말 공소라고 고딕체로 뚜렷하게 새겨져 있다. 문이 닫혀 있으며, 주변에는 수국, 꽃잔디, 양귀비, 꽃창포, 민들레가 한창이다.

충주 수상 공소는 언덕길과 계단 진입부로 구성되어 있고, 정원에는 정원수와 꽃들이 주인인양 만발하여 있다. 그 가운데 성모님이 팔 벌려 서 계시는데, 성모님이 현존하심을 느끼게 되며 감동적이다. 성모님이 우아하고 위엄이 있으며 아름답게 느껴진다. 공소는 지붕 위의 십자가가 넘어져 있으며 지금은 사용을 안 하는 것 같지만, 언덕 위 좋은 조망을 가지고 있어서 공소를 보존하면 아주 좋을 것 같다는 아쉬움이 든다.

충주(월악산)_72.7 x 60.6cm mixed media

샘말 공소

충주 영죽 공소는 문이 열려있고 너무나 작지만, 시골 깊은 산골 마을 중앙에 존재감이 강하게 느껴지는 공소이다. 공소 건물 크기에 비해 다소 큰 나무를 덧댄 지붕과 십자가가 귀여운 느낌이다. 담이 없어서 개방적이며, 오픈된 마당에는 보랏빛 꽃 잔디와 각양각색의 진귀한 꽃들이 많아 눈이 호강하는 듯하다. 공소 안에 오래된 책꽂이에는 추억의 돼지 저금통이 나란히 놓여있다. 장식이 없는 제대와 창문, 나무 의자에서 깊은 신앙심이 배어 나오는 것 같다.

❶ 샘말 ❷ 영죽
❸ 능암 ❹ 수상
❺ 모남 ❻ 산척

# 가흥, 문동, 백곡, 비룡, 사곡, 새울, 지게바위, 초평, 회인 공소

5월 말에 충북 속리산을 등산한다. 숲속 오솔길로 잘 다듬어진 세조길 탐방로를 걸어 천왕봉과 문장대를 올랐다. 하늘은 청명하고 구름도 하늘에 다양한 수를 놓고 있다. 고릴라 형태의 바위, 사람 얼굴 모습 등 각양각색의 바위들이 눈길을 끈다.

충주 가흥 공소는 문이 잠겨있고 깔끔한 느낌이 든다. 종탑은 없으며, 입구에 예수성심상이 계신다. 실제로 교우들을 만나거나 내부를 들어가 볼 수 있다면 공소에 대한 느낌은 달랐을 것이다. 공소라는 것은 건물이 세워지기 전 신자분들이 모여서 하느님께 예절을 드리는 공동체에서 시작된다. 건물은 사람이 있고 난 후의 일이며, 그 건물에 쓰임과 정성, 기도를 드리는 것이 사람이기 때문에 공소의 물리적인 외관보다는 그 속에 깃든 정신이 더 중요하다는 생각이 든다. 그래서 멸실되어가는 공소 건물이라도 그 속에 선조들의 지극한 기도와 정성이 배어있다면, 그 정신은 물질적인 것을 초월하여 있는 것이 아닌가 생각된다. 이스라엘 성지에서 예수님의 흔적이 있는 장소의 땅 자체가 의미있는 것처럼.

청주 문동 공소에 도착한 때는 2월 중순 오후 3시경이다. 비가 그치고 하늘의 구름 사이로 빛이 비치는 모습이 좋다. 문동 공소는 작고 아담하며, 진입로가 완만한 경사로로 되어있다. 마당에는 큰 나무 하나에서 뻗어 나온 수많은 나뭇가지 아래에 여름에 사용하면 좋은 평상이 놓여있다. 제대 아래에는 최후의 만찬이 나무 부조로 조각되어 있고, 성수대는 지금까지 본 성수대 중 가장 독특한 디자인인데 예수님의 발, 십자가, 깨진 성수대 등의 조합으로 예술적으로 디자인되어 있다.

진천 백곡 공소는 넓은 대지에 근사한 모습으로 리모델링이 되어있다. 마당에서 형제자매님들이 말하기를 2019년 8월에 본당으로 승격되었다고 한다. 언덕 위 마을을 내려다보는 위치에 있는 백곡 공소. 공소의 역사는 변하지 않는 것 같으면서도 세월과 함께 변화무쌍한 것 같다. 백곡 공소 입구에는 배티성지에서 순교한 밀양 박씨 박 바르바라와 남원 윤씨 윤 바르바라의 무덤이 있다. 신앙을 증거하는 죽음을 택한 이들의 순수하고 열정적인 마음과 행동에 고개가 숙여진다. 성당 안은 한옥의 특성을 현대화시킨 아늑하고 조화로운 실내 분위기이다. 한복을 입은 성모자상이 계시며, 창문과 감실도 목재 문살창으로 디자인되어 있다. 천장의 조명은 나무널에 빛이 반사되어 은은하게 퍼지며, 창에도 한지를 사용하여 실내 분위기가 은은하고 차분하다.

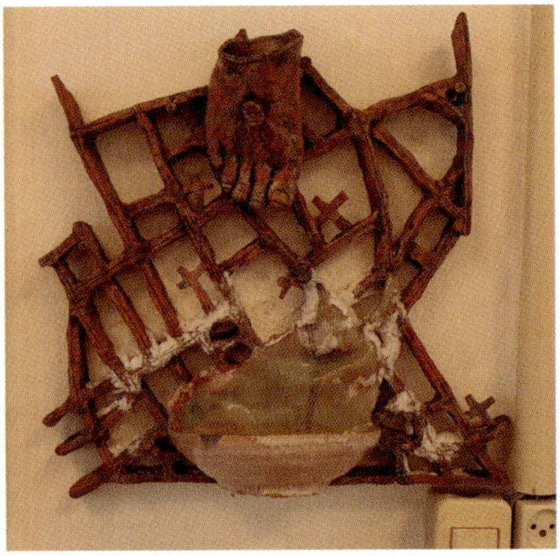 

청주 비룡 공소에 도착했을 때는 하늘에서 빗방울이 조금씩 내리고 있다. 1907년 공소가 설립된 이래 사제 1명 수녀 3명이 배출된 곳이라고 한다. 공소의 규모는 상당히 큰 편이다. 서양식 건물로 내부는 예술적 느낌이 물씬 풍긴다. 스테인드글라스의 문양이 보기 드물게 현대 회화적인 느낌이 든다. 십자가의 길 14처는 타원형 아치 형태의 동판에 부조로 표현되어 있다. 제대 쪽의 모습도 인상적이다. 하얀색 벽면 중앙부분과 미사 중 신부님이 앉으시는 벤치 부분만 몽돌로 벽면 가득히 붙어 있다. 감실은 하얀색 칠이 되어있으며, 오병이어(빵 5개, 물고기 2마리)가 음각으로 새겨져 있다. 벽에 붙여져 있는 십자가는 특이하게도 중앙이 아니라 왼쪽 상단부에 배치하고 있으며, 예수님상이 너무나 인간적이시며 숭고하다. 언젠가 파티마 성지에서 뵌 예수님과도 그 느낌이 닮은 듯하다.

청주 사곡 공소는 시골 논밭과 과수원으로 둘러싸인 곳에 종탑과 함께 그림처럼 위치하고 있다. 미세먼지가 끼고 흐린 날씨인데, 공소 옆의 배 과수원에서 라디오 확성기에서 나오는 노래를 들으며 일하시는 회장님을 뵌다. 공소 내부를 안내받으려고 했으나 열쇠를 두는 곳에 열쇠가 없어서 다음 일정(상주 성심 공소에서 저녁 미사드릴 계획이 잡혀있었다)이 급하여 인사드리고 나온다.

1890년에 설립된 진천 새울 공소는 유서가 깊은 곳으로 염수정 안드레아 추기경 포함 7명의 사제를 배출한 곳이라 한다. 지금은 코로나로 전국이 술렁일 때라 문이 닫혀 있다. 공소는 산에 둘러싸여 있고, 주변 마을이 옹기종기 모여 있는 곳에 위치하고 있다.

1890년에 설립된 청주 지게바위 공소는 주소지에 도착했지만 공소를 못 찾던 중에 어떤 남자가 개울가 집 앞에 나와 있어서 길을 물어보았다. 그분의 매형인 최옥동 요셉이 공소 회장이었는데, 매형은 작년에 돌아가시고 자신은 누나 집에 잠시 들리러 왔다고 한다. 누나에게 얘기하여 공소 열쇠를 가져다 주신다. 공소를 갈 때마다 때를 맞춰서 안내자가 나타나서 정말 고맙고 신기하며, 매번 주님의 인도하심을 느끼게 된다. 지게바위 공소는 감곡성당 관할 공소로 사제, 수도자 17명을 배출한 곳이라고 한다. 마을의 이름이 지게바위인 이유는 지기암(지탱할 支 틀 機 바위 巖)이라는 지명에서 유래하였기 때문이라고 한다.

공소는 책자에서 본 것과는 달리 지금은 푸른색으로 칠해져 있다. 공소 입구 밭을 일구는 선한 인상의 형제님이 계신데, 공소 식구이시며 본인이 16살 때 벽돌로 직접 공소를 지었다고 한다. 지금 일구고 있는 밭에는 참깨를 심을 예정이며, 이 지역 사람 90%가 신자라고 하신다. 공소를 방문하여 우연히 듣게 된 얼마 전 세상을 떠나신 공소회장님의 영혼의 안식을 위해 기도하며, 남은 가족들이 슬픔을 딛고 힘을 내시길 화살기도를 한다.

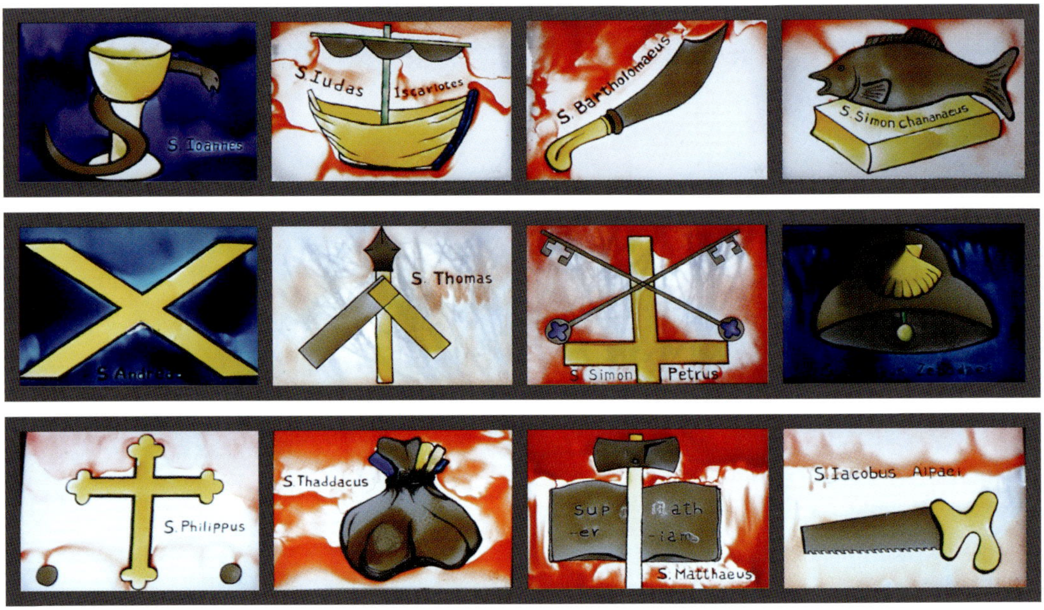


진천 초평 공소는 면사무소 바로 옆에 있다. 하늘에는 보기 드문 새털 구름이 덮고 있다. 새들은 즐겁게 지저귀며 날아다닌다. 성체가 모셔져 있고, 공소를 지키는 분의 거처가 옆에 있는 듯하다. 공소 입구에는 전염병 예방을 위해 당분간 성수를 사용하지 않는다고 적혀있다. 나무판에 아래의 글이 새겨져 있다.

항상 기뻐하십시오.
늘 기도하십시오.
어떤 처지에서든지 감사하십시오.
(1데살 5.16-18)

보은 회인 공소는 주변 교회와 마을 건물들 사이에 있으며 작은 집과 마당, 종탑을 가진 주황색 지붕을 가지고 있다. 문이 잠겨있는데, 공소 오른쪽 수도시설이 있는 부속건물 안에서 인기척이 느껴져서 가 봤더니 영화의 한 컷처럼 반쯤 열린 문으로 고무장갑을 낀 손이 먼저 보인다. 형제님 한 분이 검은콩을 씻고 계신다. 공소 내부를 보고 싶다고 했더니 하던 일을 멈추시고 열쇠를 찾아서 문을 열어주신다. 조립식 공소 건물에서 이전해서 새 공소를 짓기 위해 콩을 팔아 자금을 모았으며, 팔다 남은 콩으로 자매들이 두부를 만들자고 하여 콩을 씻는 중이었다고 하신다. 공소 방문 방명록에 이름을 적으라 하셔서 이름 석 자와 세례명을 적었다. 공소 입구에 팔다 만 콩이 한 박스 남아있어서 꽤 많은 양인데 6만원에 샀다. 실은 얼마 전에 검은콩을 1년 먹을 양을 미리 사둔 터라 약간 망설이면서 샀다. 형제님은 차 있는 곳까지 콩을 갖다 주시고 내가 화장실을 다녀올 때까지 내 차 옆에 서 계신다. 그리고 내비게이션으로 약도를 찾는 중에도 안 가시고 정중하게 서서 인사를 하셨는데 참 멋지고 품격있는 모습이시다. 여기서 산 콩은 쓰임새가 따로 있었다. 그 다음 일정은 상주 지역이었는데 상주 성심 공소에서 환대해주신 미카엘라 공소회장님과 성심 공소 식구들께 콩을 선물해드렸다. 내심 좋은 일을 한 것 같아 무척 기쁘고 뿌듯하다.

보은, 진천, 청주, 충주(속리산)_90.9 x 65.1cm mixed media

항상 기뻐하십시오
늘 기도하십시오
어떤 처지에서든지 감사하십시오
5장 16~18절

북이면
오창읍
1 지게바위
내수읍
좌구산
동림산
옥산면
청원구
흥덕구
오송읍
청주시
낭성면
미원면
강내면
상당구
2 사곡
남이면
남일면
산외면
3 비룡
가덕면
내북면
속리산
4 문동
구룡산
보은군
속리산면
회인면
현도면
문의면
5 회인
보은면
장안면
수한면
탄부면
구병산
회남면
삼승면
마로면

❶ 지게바위 ❷ 사곡 ❸ 비룡
❹ 문동 ❺ 회인 ❻ 가흥
❼ 새울 ❽ 백곡 ❾ 초평

# 춘천교구

관인, 대마리, 마현, 문혜, 양문 공소

곰실, 광판, 실레마을, 오음리 공소

교암, 남면, 천도리, 학야리, 행정 공소

# 관인, 대마리, 마현, 문혜, 양문 공소

포천시와 가평군과 접하고 있는 운악산을 감기 기운이 있는 상태에서 등산한다. 3월 말인데, 운악산 정상 쪽에는 눈이 쌓여있어서 아이젠을 하고 로프를 잡고 내려오기도 한다. 초행길이고 악산이라 걱정을 하였는데, 다행히 운악산을 늘 산행하고 국내 명산을 거의 다 다녔다는 이용숙 님을 우연히 만났다. 친절히 길 안내를 해주시며, 운악산에서 사진 찍기 좋은 장소와 아름다운 곳 구석구석을 알려주신다. 인생의 길목에서 처음 만난 인연이지만 자칫 위험할 수도 있는 얼음이 덮인 바위산에서 안전한 길로 인도해준 은인이다. 서로 서로 대가 없이 도와주며 베풀며 살 때 세상은 더욱 아름답고 살 만한 곳이라 느껴진다.

포천 관인 공소에는 인보성체수녀원(관인분원)이 같이 있는 것 같다. 공소가 가정집처럼 편안하고 아늑한 느낌의 외관을 지니고 있다. 현관 박공 부분 위에 하얀 십자가와 입구 좌우에 성모님과 예수님이 순백의 모습으로 서 계신다.

철원 대마리 공소는 백마고지가 보이면서 북한 땅이 보일 것 같은 곳에 위치하고 있다. 마당을 들어서면, 돌로 쌓아 올려 벽을 만든 곳에 성모님이 계신다. 공소 문이 열려있어서 반갑고 힘이 난다. 공소 안은 소박하고, 마침 저녁 햇살이 공소 안 이곳저곳에 빛을 드리우고 있고, 제대의 느낌과 나무의자 들에서 교우들의 신앙심이 담겨있는 듯하다. 자기질로 만들 성모자와 천사들 조각이 어우러진 성수대가 반짝반짝 빛나고 있다. 작은 방이 있어서 들어가 보니 고해실이다. 방 가운데 칸막이 하나로 가려진 반대편에 신부님이 앉으실 의자가 놓여있고, 창에서 빛이 들어와 책상 위에 놓여있는 작은 십자가와 성상을 비

추고 그 빛은 벽면에 성상의 그림자를 만들고 있다. 순간 영혼이 맑아지는 듯한 느낌이고, 그것은 공간이 주는 감동이자 선물일 것이다.

철원 마현 공소는 공소를 방문하느라 처음 간 곳인데 그런 곳이 상당히 많지만 풍경이 대단히 인상적이다. 길가에 있는데, 그 길을 죽 따라가면, 계속 오르막길이고 거대한 크기의 산이 가로로 넓게 병풍처럼 펼쳐져 있다. 상당히 가까이 있는 것처럼 느껴지기 때문에 꿈에서 보는 듯한 공간감이 느껴진다. 이곳에 오기 위하여 군부대 검문소에서 신분증을 맡기고 왔다. 공소는 대문이 잠겨있어서 들어가지는 못한다. 지붕 위 십자가에 걸쳐 있는 구름이 새파란 하늘을 날아다니고 있다. 마현 공소 옆에는 유리에 '종점슈퍼'라고 쓰여진 가게가 있다. 도심에 익숙한 나에게는 마치 영화의 세트장을 보는 것 같은 이색적 풍경이다.

철원, 포천(운악산)_72.7 x 53.0cm mixed media

철원 문혜 공소는 초록색이 지붕과 벤치, 성모상의 기단과 배경 부분 등에 포인트색으로 사용되어 외관이 조화롭게 느껴진다. 지금은 상록수만 초록빛을 띠고 있는 앞마당이지만, 봄이 오고 꽃이 피면 더욱 아름다울 것 같다. 주변에는 한탄강이 흐르고 있다.

포천 양문 공소는 마을 주택가에 있으며, 십자가와 마당의 성모상을 제외하고는 보통의 주택처럼 보인다. 대문이 닫혀 있어서 들어갈 수 없다. 노란색 바탕에 평소 좋아하는 말씀이 큰 글씨로 쓰여져 있다.

환난은 인내를, 인내는 단련을
단련은 희망을 낳습니다.
그리고 희망은 부끄러움을
당하지 않습니다. (로마 5.4-5)

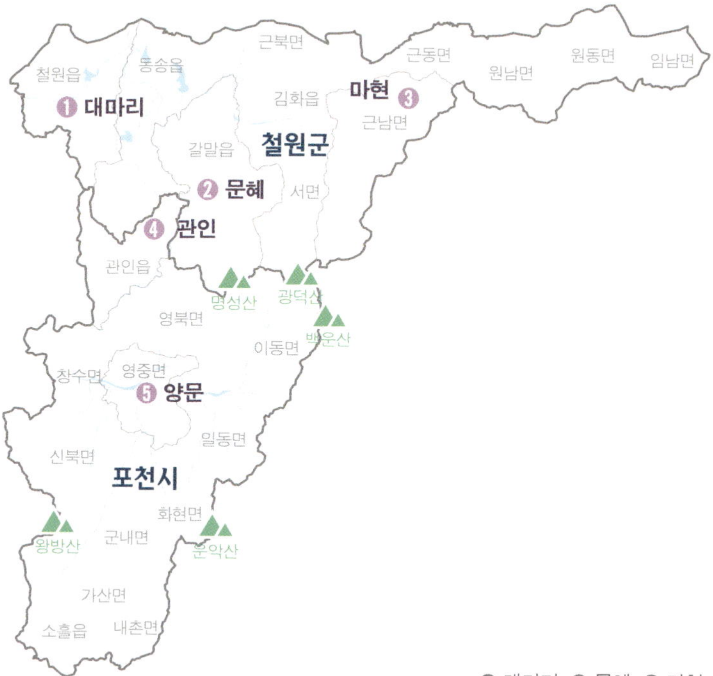


❶ 대마리 ❷ 문혜 ❸ 마현
❹ 관인 ❺ 양문

# 곰실, 광판,
# 실레마을, 오음리 공소

춘천 곰실 공소는 춘천 교구의 요람이라고 한다. 공소에는 감실도 모셔져 있다. 공소 입구에는 해바라기 꽃이 반겨주며, 정원에는 맨드라미와 각양각색의 꽃들이 너무나 예쁘게 잘 가꿔져 있다.

춘천 광판 공소는 연두색 지붕의 아담한 크기이며, 출입구 부분에 키 큰 나무가 있고, 앉을 수 있는 의자가 비치되어 있다. 공소의 문이 닫혀 있어서 공소 대표전화로 연락하니 이선호 요한 선교사님이 받으신다. 잠시 후 선교사님이 공소로 오셨고, 공소 내부를 안내해주신다. 선교사님은 전화를 받았을 때 예수님이 오셨다고 생각했다 하시며, 다음 여정을 위하여 기도해주신다. 우리는 서로의 모습에서 예수님도 성모님도 천사의 모습도 찾아낼 수 있는 것 같다. 서로서로 좋은 모습으로 대하고 바라보면, 하느님 나라가 현실에 실현되지 않을까.

춘천, 화천_60.6 x 45.5cm mixed media

춘천 실레마을 공소는 같은 부지 안에 주교관이 같이 있다. 공소 중앙의 앞뜰에는 성모자상을 두었는데 디테일한 표현을 최대한 줄여서 오히려 아름다운 절제미가 느껴진다. 정원에는 어떤 형제님과 자매님이 정원수를 가꾸고 계신다. 화천 오음리 공소는 돌담 위에 있는데, 문이 닫혀 있다. 공소 들어가는 입구 좌우에 문이 있으며, 중간에 성모자상이 계신다. 새파란 하늘 위 뭉게구름이 멋지다.

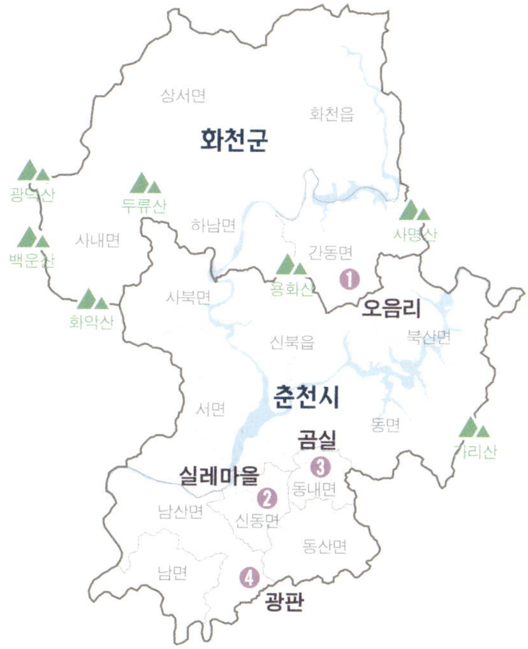


❶ 오음리 ❷ 실레마을
❸ 곰실 ❹ 광판

# 교암, 남면, 천도리,
# 학야리, 행정 공소

미사 드리러 강릉 행정 공소 가는 길에 저 멀리 눈 덮인 봉우리들이 보이며, 거대한 병풍 같은 오대산이 크고 넓게 펼쳐져 있다. 행정 공소 미사 후 오대산 상원탐방지원센터에 도착하여, 차 안에서 컵라면을 먹고 비로봉을 향하여 등산한다. 내려오는 길에는 상원사를 통하여 하산한다. 눈길 산행이라 고즈넉하고 깨끗한 느낌이다. 오대산은 마치 든든한 남편 같은 느낌의 산이다.

설악산은 여러 번 등산을 시도하였지만, 날씨나 기타 여건으로 쉽게 갈 수가 없었다. 처음에 갔을 때 복녀 씨와 남설악 탐방센터에 6시에 도착했으나, 태풍으로 입산 통제되었으며, 남편과 남편의 지인 두 분과 함께 공룡 능선을 가기로 했을 때는, 가는 날 며칠 전에 비가 너무 많이 와서 입산통제 되었다. 공룡 능선에 다시 도전하던 날은, 당일 낮까지는 통

제되었다가 오후에 통제가 풀려서 일정대로 밤에 출발하여 랜턴을 키고 새벽 2시경부터 오르기 시작하였다. 공룡 능선은 그 명성만큼 힘들고 아름다운 길이다. 우리나라에 "이런 곳이 있었구나"라는 감탄이 절로 나온다. 마등령 오르는 길에 본 동해의 일출과 높은 봉우리들, 저 멀리 산 밑에서 아침 안개가 서서히 올라오는 모습, 저 멀리 온 천지가 높은 산들로 둘러서 있는 모습, 각양각색의 거대하고 재미있게 생긴 바위들은 세상의 경계에 있는 것 같은 착각마저 일으킨다. 1275봉 밑에서 보는 조망과 하늘과 구름도 멋진 풍광이다. 막상 신선대에 도착했을 때에는 안개가 자욱하여 지나왔던 길들이 가려져 있다. 눈에는 안보이지만, 마음속에는 걸어온 길들이 선명하게 살아있다.

고성 교암 공소는 관광지에 있어서 외지의 방문객들이 많이 올 것 같은 공소이다. 최근에 리모델링이 된듯하며, 한옥 기와지붕이 있고 자그마한 규모이다. 문이 닫혀 있어서 내부는 보지 못한다. 양구 남면 공소는 대지가 아주 넓다. 파란 하늘 뭉게구름을 배경으로 예수님이 건물 위에서 두 팔 벌려 얘기하고 계신 듯하다. 공소 입구의 무궁화 꽃이 아름답다. 인제 천도리 공소는 뒷산을 배경으로 민트색의 지붕과 하얀색 외벽을 가진 산뜻한 모습이다. 천도리 공소 주변에 해바라기 꽃이 사이좋게 피어있다. 1882~1883년에 설립된 고성 학야리 공소는 성상이 외부에 없어서 일반 주택같다. 공소 지붕과 벽면이 하나로 이어지는 원통형이 특색있는 외관이다. 옆집에 사시는 아녜스 자매님이 문을 열어주신다. 본인은 64세인데, 다리가 아파서 성당을 못 가며, 요즘은 공소에서 미사를 잘 안하고 10분 거리에 있는 교암 공소에서 한다고 한다. 학야리 공소에 누가 찾아온 것이 처음 있는 일이라고 하신다. 공소에 누군가 찾아오고 하느님을 믿는 사람들 간에 간단한 얘기라도 나누면, "소통이 생기지 않을까"라는 생각이 든다.

행정 공소는 두 차례 방문한다. 공소에는 은퇴 사제님이 살고 계시며, 요안나 자매님이 공소를 가꾸고 계신다. 자매님의 친척이신 이정행 사도 요한 신부님은 포천 성당에 계

셨다가 은퇴하시고 2014년 내려오셨다 한다. 그 당시 행정 공소는 폐허가 되다시피 해서 교우촌을 다니면서 공소를 남기기 위해 노력하셔서 지금의 공소를 만드셨다고 한다. 이곳은 요안나 자매님의 증조 외할아버지가 초대공소 회장이셨으며, 요안나 님의 외가이자 어머니가 자라신 곳이라 한다. 옛날에는 가마 3개가 있는 옹기 마을로 200명 정도가 교우촌을 이루었다고 한다. 살아있는 신앙의 유산이다. 2월 중순경 미사가 있는지 알아보기 위해서 전화를 드렸더니, 신부님께서 어쩐지 편찮으신 것 같은 목소리로 미사가 있다면서 올 거냐고 묻기에 미사에 참석할거라고 말씀드렸다. 미사 당일은 코로나 확진자가 속출하는 상황이라 전국 성당에서도 마스크 착용 등 지침이 내려져 있는 상황이다. 오전 10시경에 도착하여 들어가려니까 어떤 형제님이 타지 사람은 출입을 금한다고 하셔서, 신부님께 미리 연락하고 왔다고 하여 미사에 참석할 수 있었다. 신부님은 전화 목소리가 편찮으신 것 같더니 아니나 다를까 최근 수술을 받으신 후 이틀 전에 퇴원하셔서 앉은 채로 미사를 집전하신다고 한다. 신자들이 10명 이상 와서 공소 안을 채운다. 신부님 강론 말씀은 "하늘의 너희 아버지께서 완전하신 것처럼 너희도 완전한 사람이 되어야 한다" 였다. 거룩하고 완전하게 된다는 것은 어려운 말이지만, 하느님 믿음 안에 살면 거룩하고 완전하게 된다고 하신다. 신부님의 빠른 쾌유를 기도드린다.

강릉, 고성, 양구, 인제(설악산, 오대산)_90.9 x 65.1cm mixed media

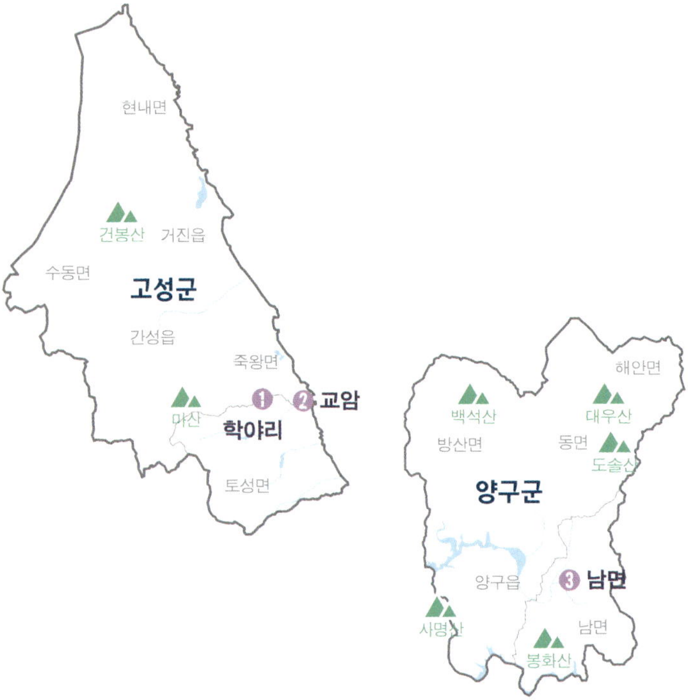


현내면
건봉산
거진읍
수동면
고성군
간성읍
죽왕면
마산
① ② 교암
학야리
토성면
해안면
백석산
대우산
방산면
동면
도솔산
양구군
양구읍
③ 남면
사명산
남면
봉화산

❶ 학야리
❷ 교암 ❸ 남면

서화면
4 천도리
북면
인제군
한석산
설악산
인제읍
점봉산
남면
기린면
상남면
방태산

주문진읍
5 행정
연곡면
사천면
오대산
성산면
구정면
강동면
강릉시
칠성산
왕산면
옥계면
노추산
석병산

천도리 공소

❹ 천도리 ❺ 행정

# 공소후기

# 공소후기

지금까지 총 225곳의 공소를 다녀보니 성당, 성지를 다니는 것보다 훨씬 더 많은 노력과 시간을 들여야 하는 일이었다. 그렇지만 좀 더 세심하고 풍성하게 우리 강산을 구석구석 둘러보게 되는 기회가 되었고 그 과정에서 자연과 사물, 우리의 삶을 보는 시야도 좀 더 깊어진 느낌이다.

공소는 스스로를 드러내기보다는 마을 속에 어우러져 있는 경우가 많아서, 있는 듯 없는 듯 우리 곁에 존재하고 있다. 대부분 작고 친근하고 소박하고 편안하다. 규모가 크고 화려한 큰 성당보다 오히려 기도하기가 더 좋은 느낌이다.

방문하기 전에 미리 미사여부 등을 전화로 문의하면 전화를 받으시는 분들이 정말 친절하고 꼼꼼하게 잘 알려주셔서, 선하고 주님을 잘 섬기는 분들이라는 느낌을 받는다. 공소는 마을에 숨어있기에 공소를 찾아가는 길은 때로 숨은그림찾기같다. 돌아보면 가는 곳마다 찾아가는 길마다 때를 맞춰서 안내자가 나타난다. 그때마다 놀랍고 감사하고 내가 가는 걸음마다 주님이 인도하심을 느끼게 된다.

공소의 물리적 환경은 그 지역의 산, 강, 나무, 꽃, 새 등 자연환경과 서로 스며들며 호흡하고 있으며, 공소에 있는 성물과 가구, 성화는 누군가의 손으로 만들어져서 누군가의 손에 의해서 공소에 비치되고 관리되어, 마침내 우리의 마음에 어느덧 스며드는 것이다.

땅의 의미를 생각해본다.
내가 걸어온 땅들
찾은 땅들
그 속의 사람들
사람들의 정신
공소를 찾은 나의 발걸음은
하느님이 베풀어 주신 축복이었다.

공소이야기_90.9 x 65.1cm mixed media

# 부록


공소주소록

방문한 공소와 산

본문 내용구성

펜드로잉

## | 공소주소록 |

### 광주대교구

| 지 역 | 본 당 | 공 소 | 설립년도 | 주 소 |
|---|---|---|---|---|
| 강진 | 강진 | 성전 | 1967 | 전남 강진군 성전면 별뫼로 335 |
| 고흥 | 고흥 | 과역 | 1965 | 전남 고흥군 과역면 송학샘길 24-29 |
| 고흥 | 벌교 | 동강 | 1964 | 전남 고흥군 동강면 원유둔1길 41-1 |
| 순천 | 벌교 | 금성 | 1959 | 전남 순천시 외서면 쌍향수길 860 |
| 순천 | 상사 | 별량 | 1971 | 전남 순천시 별량면 송천1길 13 |
| 장흥 | 대덕 | 관산 | 1969 | 전남 장흥군 관산읍 옥당3길 27 |
| 진도 | 진도 | 석교 | 1985 | 전남 진도군 임회면 진도대로 5852 |
| 진도 | 진도 | 인지 | 1900~1904 | 전남 진도군 지산면 인지독치2길 19-1 |
| 해남 | 우수영 | 고당 | 1957 | 전남 해남군 문내면 문내화원로 535-8 |
| 해남 | 우수영 | 예락 | 1904 | 전남 해남군 문내면 예락길 50 |
| 해남 | 우수영 | 화원 | 1995 | 전남 해남군 화원면 청용2길 9 |
| 해남 | 우수영 | 황산 | 1982 | 전남 해남군 황산면 시등로 122-11 |
| 해남 | 해남 | 영전 | 1966 | 전남 해남군 북평면 땅끝해안로 3233 |
| 곡성 | 곡성 | 석곡 | 1984 | 전남 곡성군 석곡면 석곡3길 22-2 |
| 담양 | 계림동 | 인암 | 1985 | 전남 담양군 가사문학면 인암길 19-17 |
| 광주 | 월동 | 삼도 | 1956 | 광주광역시 광산구 삼도로 362-7 |
| 광주 | 임곡동 | 본량 | 1960 | 광주광역시 광산구 용진로 431 |
| 장성 | 사거리 | 매남 | 1882 | 전남 장성군 북일면 매남길 5 |
| 나주 | 남평 | 호혜 | 1954 | 전남 나주시 산포면 새벽길 16 |
| 나주 | 다시 | 동강 | 1986 | 전남 나주시 동강면 동강로 617-14 |
| 나주 | 영산포 | 봉황 | 2008 | 전남 나주시 봉황면 죽황로 17 |
| 무안 | 일로 | 환학동 | 1913 | 전남 무안군 일로읍 환학길 1 |
| 무안 | 청계 | 강정 | 1953 | 전남 무안군 청계면 강정안길 4-20 |

| 지 역 | 본 당 | 공 소 | 설립년도 | 주 소 |
|---|---|---|---|---|
| 무안 | 청계 | 기동 | 1952 | 전남 무안군 청계면 기동길 13 |
| 함평 | 학다리 | 석정 | 1935 | 전남 함평군 학교면 중천포로 442-1 |
| 함평 | 학다리 | 신계 | 1980 | 전남 함평군 엄다면 신송길 242-6 |
| 신안 | 흑산 | 홍도1구 | 1959 | 전남 신안군 흑산면 홍도1길 21 |
| 신안 | 흑산 | 사리 | 1958 | 전남 신안군 흑산면 정약전길 26 |
| 신안 | 압해도 | 신장 | 1949 | 전남 신안군 압해읍 압해로 399-8 |
| 신안 | 신안인덕 | 신석 | 2004 합쳐짐 | 전남 신안군 암태면 신석길 8-9 |
| 신안 | | 고장 | | 전남 신안군 자은면 고장길 66 |
| 신안 | 자은 | 대율 | 2012 합쳐짐 | 전남 신안군 자은면 두봉길 575 |
| 신안 | | 구영 | | 전남 신안군 자은면 구영1길 14-11 |

## 대구대교구

| 지 역 | 본 당 | 공 소 | 설립년도 | 주 소 |
|---|---|---|---|---|
| 고령 | 고령 | 박곡 | 1951 | 경북 고령군 성산면 박곡2길 2 |
| 성주 | 가천 | 동원 | 1967 | 경북 성주군 가천면 동원1길 10 |
| 성주 | 가천 | 수륜 | 1958 | 경북 성주군 수륜면 참별로 927-7 |
| 성주 | 선남 | 도흥 | 1961 | 경북 성주군 선남면 도흥6길 12-2 |
| 성주 | 성주 | 월항 | 1968 | 경북 성주군 월항면 주산로 372 |
| 구미 | 고아 | 봉한 | 1958 | 경북 구미시 고아읍 선산대로 581-6 |
| 구미 | 고아 | 송림 | 1902 | 경북 구미시 고아읍 송평구길 24 |
| 구미 | 고아 | 연흥 | 1961 | 경북 구미시 고아읍 포아로 482 |
| 김천 | 대신 | 아천 | 1964 | 경북 김천시 어모면 은림로 17 |
| 김천 | 봉곡 | 아포 | 1966 | 경북 김천시 아포읍 국사길 62-6 |
| 김천 | 신룡 | 개령 | 1962 | 경북 김천시 개령면 동부길 113-7 |

| 지 역 | 본 당 | 공 소 | 설립년도 | 주 소 |
|---|---|---|---|---|
| 대구 | 지묘 | 백안 | 1963 | 대구광역시 동구 팔공로 205길 67 |
| 영천 | 영천 | 자천 | 1927 | 경북 영천시 화북면 자천8길 3-8 |
| 경산 | 하양 | 와촌 | 1850년대 | 경북 경산시 와촌면 동강1길 38 |
| 달성 | 가실 | 하산 | 1954 | 대구광역시 달성군 하빈면 하목정길 34 |
| 달성 | 신동 | 하빈 | 1957 | 대구광역시 달성군 하빈면 하빈로 548-8 |
| 청도 | 용성 | 구룡 | 1815 | 경북 청도군 운문면 구룡마을길 361-5 |
| 청도 | 청도 | 동곡 | 1950 | 경북 청도군 금천면 금천로 55-17 |
| 청도 | 청도 | 지슬 | 1950년대 | 경북 청도군 각북면 지슬길 125-3 |
| 울릉도 | 천부 | 태하 | 1971 | 경북 울릉군 서면 태하길 220-13 |
| 울릉도 | 천부 | 현포 | 1966 | 경북 울릉군 북면 현포리 56-11 |

## 대전교구

| 지 역 | 본 당 | 공 소 | 설립년도 | 주 소 |
|---|---|---|---|---|
| 당진 | 당진 | 삼봉 | 1937 | 충남 당진시 석문면 대호만로 1701-20 |
| 당진 | 순성 | 면천 | 1884 | 충남 당진시 면천면 골정길 10 |
| 당진 | 순성 | 백석 | 1977 | 충남 당진시 순성면 백석길 71 |
| 당진 | 신평 | 새터 | 1883 | 충남 당진시 신평면 샛터길 13-4 |
| 당진 | 신평 | 원머리 | 1876 | 충남 당진시 신평면 한정길 4-20 |
| 당진 | 신평 | 음섬 | 1915 | 충남 당진시 신평면 음섬이길 12 |
| 당진 | 신합덕 | 세류리 | 1952 | 충남 당진시 우강면 세류골길 52-14 |
| 당진 | 신합덕 | 신촌리 | 1922 | 충남 당진시 우강면 다리목길 64-18 |
| 당진 | 신합덕 | 원치리 | 1935 | 충남 당진시 우강면 박원로 165-2 |
| 당진 | 합덕 | 상리 | 1940 | 충남 당진시 합덕읍 상덕로 583-8 |
| 당진 | 합덕 | 세거리 | 1911 | 충남 당진시 합덕읍 해나무길 18 |
| 당진 | 합덕 | 하흑 | 1960 | 충남 당진시 합덕읍 하흑1길 2 |

| 지 역 | 본 당 | 공 소 | 설립년도 | 주 소 |
|---|---|---|---|---|
| 예산 | 합덕 | 양촌 | 1888 | 충남 예산군 고덕면 상궁2길 12 |
| 서산 | 서산동문동 | 상홍리 | 1884 | 충남 서산시 음암면 상홍2길 122 |
| 홍성 | 홍성 | 구정리 | 1930 | 충남 홍성군 홍동면 홍동길 53-13 |
| 공주 | 공주신관동 | 정안 | 1887 | 충남 공주시 정안면 아래양지말길 13-6 |
| 공주 | 유구 | 사기점골 | 1886-멸실 | 충남 공주시 유구읍 명곡리 495-1 |
| 공주 | 유구 | 사랑골 | 1909 | 충남 공주시 신풍면 평화길 23-29 |
| 공주 | 유구 | 요골(서재) | 1884 | 충남 공주시 유구읍 명곡요곡길 11 |
| 조치원 | 조치원 | 노송 | 1909 | 세종특별자치시 조치원읍 새내6길 30 |
| 논산 | 논산대교동 | 상월 | 1890 | 충남 논산시 상월면 계룡산로 331-6 |
| 논산 | 연무 | 마전 | 1898 | 충남 논산시 연무읍 삼봉1길 49-3<br>(현 관할은 전주교구 여산성당임) |
| 논산 | 연무 | 갈매울 | 1887 | 충남 논산시 가야곡면 가야목곡1길 15-8 |
| 논산 | 연무 | 은진 | 1885 | 충남 논산시 은진면 매죽헌로 16번길 10 |
| 부여 | 금사리 | 만수리 | 1912 | 충남 부여군 외산면 만수로 243 |
| 부여 | 금사리 | 용당리 | 1891 | 충남 부여군 구룡면 용당로2번길 39 |

## 마산교구

| 지 역 | 본 당 | 공 소 | 설립년도 | 주 소 |
|---|---|---|---|---|
| 남해 | 남해 | 은점 | 1956 | 경남 남해군 삼동면 동부대로 1004번길 6 |
| 남해 | 남해 | 미조 | 1957 | 경남 남해군 미조면 미조로 236번길 21-1 |
| 통영 | 대건 | 사량 | 1909 | 경남 통영시 사량면 진촌2길 15-11 |
| 진주 | 문산 | 사봉 | 1956 | 경남 진주시 사봉면 동부로1751번길 46-6 |
| 하동 | 진교 | 북천 | 1866년경 | 경남 하동군 북천면 옥단로 140-8 |
| 하동 | 하동 | 영신 | 1964 | 경남 하동군 적량면 황금길 80-3 |
| 거제 | 거제 | 율포 | 1955 | 경남 거제시 동부면 거제남서로 1952 |

| 지 역 | 본 당 | 공 소 | 설립년도 | 주 소 |
|---|---|---|---|---|
| 거제 | 거제 | 탑포 | 1890 | 경남 거제시 남부면 탑포1길 23 |
| 거제 | 거제 | 학동 | 1953 | 경남 거제시 동부면 고촌길 19 |
| 거제 | 거제 | 두동 | 1903 | 경남 거제시 사등면 두동로 125 |
| 거제 | 거제 | 산달 | 1960년경 | 경남 거제시 거제면 산달1길 16-3 |
| 거제 | 거제 | 가배 | 1950 | 경남 거제시 동부면 거제남사로 2261-5 |
| 통영 | 고성 | 황리 | 1893 | 경남 통영시 광도면 임외길 10 |
| 함안 | 칠원 | 장암 | 1916 | 경남 함안군 칠원읍 유장길 690-6 |
| 합천 | 합천 | 야로 | 1956 | 경남 합천군 야로면 시장길 10-17 |
| 합천 | 합천 | 쌍백 | 1893 | 경남 합천군 쌍백면 쌍백중앙로 42-4 |
| 합천 | 합천 | 삼가 | 1883 | 경남 합천군 삼가면 일부5길 19 |
| 거창 | 거창 | 신원 | 1958 | 경남 거창군 신원면 신차로 308-1 |
| 함양 | 함양 | 공배 | 1915년경 | 경남 함양군 지곡면 공배길 110 |
| 함양 | 함양 | 문정 | 1980 | 경남 함양군 휴천면 문하길 30 |
| 산청 | 산청 | 생초 | 1960 | 경남 산청군 생초면 새실로 63-7 |
| 산청 | 산청 | 상중 | 1956 | 경남 산청군 차황면 신차로2006번길 21-4 |
| 산청 | 산청 | 예성 | 2015 | 경남 산청군 신안면 중촌갈전로499번길 173 |

## 부산교구

| 지 역 | 본 당 | 공 소 | 설립년도 | 주 소 |
|---|---|---|---|---|
| 울주 | 언양 | 살티 | 1868 | 울산광역시 울주군 상북면 덕현살티길 11 |
| 울주 | 언양 | 순정 | 1860 | 울산광역시 울주군 상북면 순정1길 8 |
| 울주 | 임보 | 하선필 | 1852 | 울산광역시 울주군 두서면 하선필1길 1 |
| 밀양 | 인보 | 남산 | 1968 | 경남 밀양시 상남면 조남길 410 |
| 밀양 | 남밀양 | 무안 | 1956 | 경남 밀양시 무안면 동부동안길 15 |

## 안동교구

| 지 역 | 본 당 | 공 소 | 설립년도 | 주 소 |
|---|---|---|---|---|
| 문경 | 문경 | 당포 | 1959 | 경북 문경시 문경읍 화계1길 30-7 |
| 문경 | 문경 | 신현 | 1920년대 | 경북 문경시 마성면 신현3길 14 |
| 문경 | 점촌동 | 동로 | 1960 | 경북 문경시 동로면 여우목로 2797-6 |
| 영양 | 영양 | 입암 | 1961 | 경북 영양군 입암면 입암로 64-10 |
| 영양 | 영양 | 청기 | 1964 | 경북 영양군 청기면 청기면사무소 옆 |
| 상주 | 옥산 | 청리 | 1954 | 경북 상주시 청리면 원장1길 31 |
| 의성 | 다인 | 신락 | 1942년경 | 경북 의성군 다인면 신락3길 74 |
| 의성 | 안계 | 쌍호 | 1891년경 | 경북 의성군 안사면 안사풍천길 1070-5 |
| 봉화 | 봉화 | 재산 | 1955 | 경북 봉화군 재산면 재산로 513-10 |
| 봉화 | 봉화 | 갱화 | 1961 | 경북 봉화군 봉성면 봉명로 92-143 |
| 상주 | 공검 | 성심 | 1959 | 경북 상주시 공검면 역곡4길 40 |
| 상주 | 서문동 | 남적 | 1953 | 경북 상주시 남적2길 72-6 |
| 상주 | 함창 | 아천<br>(감바우) | 1909 | 경북 상주시 이안면 아천3길 22-11 |
| 상주 | 남성동 | 낙동 | 1959 | 경북 상주시 낙동면 낙동3길 16 |
| 상주 | 남성동 | 신상 | 1966 | 경북 상주시 낙동면 신강1길 50-7 |
| 상주 | 남성동 | 용포 | 1965 | 경북 상주시 낙동면 선상서로 1568 |
| 상주 | 화령 | 모서 | 1968 | 경북 상주시 모서면 삼포4길 27 |
| 상주 | 화령 | 화동 | 1965 | 경북 상주시 화동면 이소5길 5-6 |

## 원주교구

| 지 역 | 본 당 | 공 소 | 설립년도 | 주 소 |
| --- | --- | --- | --- | --- |
| 동해 | 북평 | 삼화 | 1958 | 강원도 동해시 효자로 241 |
| 삼척 | 성내동 | 근덕 | 1956 | 강원도 삼척시 근덕면 미근로 1772-13 |
| 정선 | 정선 | 남평 | 1957 | 강원도 정선군 북평면 송석길 101 |
| 제천 | 용소막 | 학산 | 1942 | 충북 제천시 봉양읍 학산리 310-2 |
| 원주 | 구곡 | 후리사 | 1880 | 강원도 원주시 판부면 용수골길 342-3 |
| 원주 | 용소막 | 황둔 | 1958 | 강원도 원주시 신림면 황둔리 신림황둔로 1258-37 |
| 원주 | 흥업 | 귀래 | 1947 | 강원도 원주시 귀래면 용암말길 42-11 |
| 원주 | 흥업 | 대안리 | 1892 | 강원도 원주시 흥업면 승안동길 216 |
| 횡성 | 청일 | 추동 | 1960 | 강원도 횡성군 갑천면 외갑천로257번길 20 |
| 횡성 | 풍수원 | 금대 | 1909 | 강원도 횡성군 서원면 금대남4길 21 |
| 횡성 | 풍수원 | 오상골 | 1959 | 강원도 횡성군 서원면 서원로 995-7 |
| 횡성 | 풍수원 | 창촌 | 1952 | 강원도 횡성군 서원면 서원로149번길 6 |

## 의정부교구

| 지 역 | 본 당 | 공 소 | 설립년도 | 주 소 |
| --- | --- | --- | --- | --- |
| 파주 | 법원리 | 주내 | 1958 | 경기도 파주시 파주읍 파발로 33-31 |
| 파주 | 갈곡리 | 갈곡리 | 1898 | 경기도 파주시 법원읍 화합로 466번길 51 (2018년 본당 승격) |
| 파주 | 적성 | 장파리 | 1965 | 경기도 파주시 파평면 장마루로 270 |
| 연천 | 상리 | 대광리 | 1989 | 경기도 연천군 신서면 연신로 1186 |

## 전주교구

| 지역 | 본당 | 공소 | 설립년도 | 주소 |
|---|---|---|---|---|
| 김제 | 신풍 | 백자 | 1909 | 전북 김제시 용지면 백자1길 126 |
| 김제 | 신풍 | 신암 | 1962 | 전북 김제시 용지면 신암길 77 - 4 |
| 김제 | 신풍 | 용지 | 1955 | 전북 김제시 용지면 용지로 664 |
| 완주 | 고산 | 되재 | 1890 | 전북 완주군 화산면 승치로 477 |
| 완주 | 고산 | 미남 | 1887 | 전북 완주군 화산면 미남길 28 |
| 완주 | 고산 | 백석 | 1883 | 전북 완주군 운주면 원구제길 322 |
| 완주 | 고산 | 수청 | 1888 | 전북 완주군 운주면 대둔산로 854-12 |
| 익산 | 상삼례 | 익산 | 1974 | 전북 익산시 왕궁면 공소길 8 |
| 익산 | 용안 | 석동 | 1895 | 전북 익산시 용안면 부억1길 5 |
| 익산 | 황등 | 삼기 | 1941 | 전북 익산시 삼기면 구정길 4-5 |
| 익산 | 황등 | 신등 | 1939 | 전북 익산시 함라면 왈인길 15 |
| 익산 | 황등 | 월성 | 1937 | 전북 익산시 하나로15길 188-1 |
| 임실 | 임실 | 신전 | 1898 | 전북 임실군 관촌면 신전4길 15-2 |
| 정읍 | 시기동 | 등천 | 1895 | 전북 정읍시 입암면 원등2길 26 |
| 정읍 | 시기동 | 신성 | 1893 | 전북 정읍시 신성길 176-17 |
| 정읍 | 신태인 | 신기 | 1898 | 전북 정읍시 태인면 거산 신기1길 101 |
| 정읍 | 신태인 | 태인 | 1898 | 전북 정읍시 태인면 태산로 2924 |
| 정읍 | 칠보 | 능교 | 1899 | 전북 정읍시 산내면 능교신기길 12-10 |
| 정읍 | 칠보 | 동막 | 1897 | 전북 정읍시 칠보면 동막길 49-24 |
| 정읍 | 칠보 | 종산 | 1890 | 전북 정읍시 산외면 원바실길 10-8 |
| 순창 | 순창 | 쌍치 | 1996 | 전북 순창군 쌍치면 삽실길 16 |
| 진안 | 진안 | 봉암 | 1885 | 전북 진안군 부귀면 부귀로 86-14 |
| 진안 | 진안 | 부귀 | 1976 | 전북 진안군 부귀면 부귀로 313-18 |

| 지 역 | 본 당 | 공 소 | 설립년도 | 주 소 |
|---|---|---|---|---|
| 진안 | 진안 | 수항 | 1890 | 전북 진안군 부귀면 대곡길 81-4 |
| 진안 | 진안 | 소토실 | 1978 | 전북 진안군 진안읍 진장로 488 |
| 진안 | 진안 | 어은동 | 1888 | 전북 진안군 진안읍 어은동길 23 |
| 진안 | 진안 | 장재동 | 1890 | 전북 진안군 마령면 추장길 146-4 |
| 진안 | 진안 | 평촌 | 1984 | 전북 진안군 진안읍 석고개길 3-4 |
| 진안 | 진안 | 한들 | 1901 | 전북 진안군 진안읍 중평길 4-6 |
| 무주 | 무주 | 무풍 | 1883 | 전북 무주군 무풍면 고도2길 29 |
| 무주 | 무주 | 설천 | 1977 | 전북 무주군 설천면 무설로 1610-1 |
| 무주 | 무주 | 철목 | 1947 | 전북 무주군 무풍면 철목길 70 |
| 장수 | 장수 | 번암 | 1916 | 전북 장수군 번암면 노단신기길 9-6 |
| 장수 | 장수 | 수분 | 1893 | 전북 장수군 장수읍 뜬봉샘길 51-3 |
| 장수 | 장수 | 하동 | 1954 | 전북 장수군 번암면 하동1길 1 |
| 고창 | 고창 | 심원 | 1970 | 전북 고창군 심원면 연화2길 34-4 |
| 고창 | 고창 | 신광 | 1965 | 전북 고창군 부안면 석암신농원길 179 |
| 부안 | 등용 | 마포 | 1964 | 전북 부안군 변산면 마포로 230 |
| 부안 | 부안 | 창북 | 1974 | 전북 부안군 계화면 창북3길 11-2 |
| 부안 | 부안 | 돈지 | 1986 | 전북 부안군 계화면 돈지1길 65 |

## 제주교구

| 지 역 | 본 당 | 공 소 | 설립년도 | 주 소 |
|---|---|---|---|---|
| 제주도 | 고산 | 청수 | 1956 | 제주특별자치도 제주시 한경면 중산간서로 3521 |
| 제주도 | 김녕 | 세화 | 1973 | 제주특별자치도 제주시 구좌읍 세종로 9 |
| 제주도 | 모슬포 | 마라도 | 2000 | 제주특별자치도 서귀포시 대정읍 마라도 153 |
| 제주도 | 모슬포 | 화순 | 1958 | 제주특별자치도 서귀포시 안덕면 화순중앙로 12번길 1 (2019년 본당 승격) |

| 지 역 | 본 당 | 공 소 | 설립년도 | 주 소 |
|---|---|---|---|---|
| 제주도 | 조수 | 조수 | 1957 | 제주특별자치도 제주시 한경면 조수2길 10 |
| 제주도 | 서문 | 추자 | 1956 | 제주특별자치도 제주시 추자면 대서5길 35 |

## 청주교구

| 지 역 | 본 당 | 공 소 | 설립년도 | 주 소 |
|---|---|---|---|---|
| 음성 | 감곡 | 문촌 | 1897 | 충북 음성군 감곡면 가곡로 531 |
| 음성 | 감곡 | 상평 | 1955 | 충북 음성군 감곡면 감노로 331-9 |
| 음성 | 금왕 | 쌍봉 | 1951 | 충북 음성군 금왕읍 금일로 371번길 58-4 |
| 음성 | 맹동 | 봉암 | 1890 | 충북 음성군 맹동면 봉현로 145 |
| 음성 | 맹동 | 유포리 | 1959 | 충북 음성군 금왕읍 유포소탄길 1 |
| 음성 | 음성 | 덕생 | 1962 | 충북 음성군 음성읍 덕생로504번길 94 |
| 음성 | 음성 | 보천 | 1963 | 충북 음성군 원남면 보천로 57 |
| 음성 | 음성 | 소이 | 1928 | 충북 음성군 소이면 금정길16번길 5 |
| 보은 | 보은 | 회인 | 1957 | 충북 보은군 회인면 회인로2길 9 |
| 진천 | 이월 | 새울 | 1890 | 충북 진천군 이월면 점새울2길 35 |
| 진천 | 진천 | 백곡 | 1961 | 충북 진천군 백곡면 백곡로 892<br>(2019년 본당 승격) |
| 진천 | 진천 | 초평 | 1961 | 충북 진천군 초평면 초동로 45-7 |
| 청주 | 문의 | 문동 | 1958 | 충북 청주시 상당구 문의면 등동2길 19 |
| 청주 | 부강 | 비룡 | 1907 | 충북 청주시 서원구 남이면 비룡1길 53 |
| 청주 | 오송 | 사곡 | 1963 | 충북 청주시 흥덕구 강내면 사곡송대길 88-15 |
| 청주 | 오창 | 지게바위 | 1890 | 충북 청주시 청원구 오창읍 지게바위길 2-33 |
| 충주 | 목행동 | 가흥 | 1963 | 충북 충주시 중앙탑면 가곡로 2066-3 |
| 충주 | 앙성 | 능암 | 1955 | 충북 충주시 앙성면 능동3길 24 |
| 충주 | 앙성 | 샘말 | 1958 | 충북 충주시 앙성면 앙암로 669 |

| 지 역 | 본 당 | 공 소 | 설립년도 | 주 소 |
|---|---|---|---|---|
| 충주 | 앙성 | 영죽 | 1955 | 충북 충주시 앙성면 음촌2길 56-3 |
| 충주 | 엄정 | 산척 | 1956 | 충북 충주시 산척면 천등박달로 163 |
| 충주 | 주덕 | 모남 | 1961 | 충북 충주시 신니면 신덕로 197-5 |
| 충주 | 주덕 | 수상 | 1950 | 충북 충주시 노은면 감노로 1099-14 |

## 춘천교구

| 지 역 | 본 당 | 공 소 | 설립년도 | 주 소 |
|---|---|---|---|---|
| 강릉 | 주문진 | 행정 | 1924년경 | 강원도 강릉시 연곡면 행정2길 10-7 |
| 고성 | 간성 | 교암 | 1954 | 강원도 고성군 토성면 교암길 55 |
| 고성 | 간성 | 학야리 | 1882~1883 | 강원도 고성군 토성면 햇골길 104-6 |
| 양구 | 양구 | 남면 | 1969 | 강원도 양구군 남면 정중앙로658번길 18 |
| 인제 | 원통 | 천도리 | 1967 | 강원도 인제군 서화면 천도로98번길 11 |
| 춘천 | 강촌 | 광판 | 1973 | 강원도 춘천시 남산면 장터골길 11-2 |
| 춘천 | 거두리 | 곰실 | 1920 | 강원도 춘천시 동내면 동내로 220 |
| 춘천 | 스무숲 | 실레마을 | 1960 | 강원도 춘천시 신동면 금병의숙길 10 |
| 화천 | 화천 | 오음리 | 1961 | 강원도 화천군 간동면 오동나무길 16 |
| 포천 | 운천 | 관인 | 1954 | 경기 포천시 관인면 창동로 1828-15 |
| 포천 | 운천 | 양문 | 1955 | 경기 포천시 영중면 양문로10길 14-12 |
| 철원 | 철원 | 대마리 | 1971 | 강원도 철원군 철원읍 묘장로 343 |
| 철원 | 김화 | 마현 | 1961 | 강원도 철원군 근남면 마현1길 2 |
| 철원 | 갈말 | 문혜 | 1955 | 강원도 철원군 갈말읍 태봉로 1568-1 |

# | 방문한 공소와 산 |

## 방문한 공소

| | | |
|---|---|---|
| 1 | 광주대교구 | 33 |
| 2 | 대구대교구 | 21 |
| 3 | 대전교구 | 26 |
| 4 | 마산교구 | 23 |
| 5 | 부산교구 | 5 |
| 6 | 안동교구 | 18 |
| 7 | 원주교구 | 12 |
| 8 | 의정부교구 | 4 |
| 9 | 전주교구 | 40 |
| 10 | 제주교구 | 6 |
| 11 | 청주교구 | 23 |
| 12 | 춘천교구 | 14 |
| | 총 계 | 225 |

## 방문한 산

| 번호 | 지역 | 산 |
|---|---|---|
| 1 | 전남 해남군 | 달마산 |
| 2 | 광주광역시 | 무등산 |
| 3 | 전남 영암군 | 월출산 |
| 4 | 전남 신안군 흑산면 | 홍도 깃대봉 |
| 5 | 대구광역시 | 팔공산 |
| 6 | 울릉도 북면 | 울릉도 깃대봉 |
| 7 | 경남 합천군, 경북 성주군 | 가야산 |
| 8 | 경남 산청군 | 지리산 |
| 9 | 경남 거창군 | 남덕유산 |
| 10 | 대구 달성군 | 비슬산 |
| 11 | 울산 울주군 | 가지산 |
| 12 | 충남 홍성군 | 용봉산 |
| 13 | 전북 완주군 | 대둔산 |
| 14 | 충남 공주시 | 계룡산 |
| 15 | 남해 통영 | 사량도지리산 |
| 16 | 경남 남해군 | 금산 |
| 17 | 울산 울주군 | 영축산 |
| 18 | 경북 청송군 | 주왕산 |
| 19 | 경북 봉화군 | 청량산 |
| 20 | 충북 제천시 | 월악산 |
| 21 | 강원 원주시 | 치악산 |
| 22 | 경기도 파주시 | 심학산 |
| 23 | 경기도 파주시 | 감악산 |
| 24 | 경기도 포천시 | 운악산 |

| 번호 | 지역 | 산 |
|---|---|---|
| 25 | 전북 진안군 | 마이산 |
| 26 | 전북 완주군 | 모악산 |
| 27 | 전북 부안군 | 변산 |
| 28 | 전북 고창군 | 선운산 |
| 29 | 전북 정읍시 | 내장산 |
| 30 | 제주 서귀포시 | 한라산 |
| 31 | 제주시 추자면 | 나바론 하늘길 |
| 32 | 충북 보은군 | 속리산 |
| 33 | 강원 홍천군 | 오대산 |
| 34 | 강원 인제군 | 설악산 |
| 35 | 강원 동해시 | 두타산 |
| 36 | 강원 태백시 | 태백산 |
| 37 | 충북 단양군, 영주시 | 소백산 |
| 38 | 중국 길림성 | 백두산 |
| | 총 계 | 38 |

## | 본문 내용구성 |

| 교 구 | 지 역 (산) | 그림에 들어간 공소 |
|---|---|---|
| 광주대교구 | 강진군, 고흥군, 순천시, 장흥군, 진도군, 해남군 (달마산, 월출산) | 강진(성전), 고흥(과역, 동강), 순천(금성, 별량), 장흥(관산), 진도(석교, 인지), 해남(고당, 영전, 예락, 화원, 황산) |
| 광주대교구 | 나주시, 무안군, 함평군 | 나주(동강, 봉황, 호혜), 무안(강정, 기동, 환학동), 함평(석정, 신계) |
| 광주대교구 | 곡성군, 광주광역시, 담양군, 장성군 (무등산) | 곡성(석곡), 광주(본량, 삼도), 담양(인암), 장성(매남) |
| 광주대교구 | 신안군, 홍도, 흑산도 (깃대봉) | 신안(고장, 구영, 대율, 사리, 신석, 신장, 홍도1구)<br>참고: 홍도(홍도1구), 흑산도(사리) |
| 대구대교구 | 고령군, 구미시, 김천시, 성주군 (가야산) | 고령(박곡), 구미(봉학, 송림, 연흥), 김천(개령, 아천, 아포), 성주(도흥, 동원, 수륜, 월항) |
| 대구대교구 | 경산시, 달성군, 대구광역시, 영천시 (팔공산) | 경산(와촌), 달성(하빈, 하산), 대구(백안), 영천(자천) |
| 대구대교구 | 청도군 (비슬산) | 청도(구룡, 동곡, 지슬) |
| 대구대교구 | 청도군 | 청도(구룡, 동곡, 지슬) |

| 그림 | 호수 | 크기, 재료 |
|---|---|---|
|  | 100M | 162.2 x 97.0cm mixed media |
|  | 20P | 72.7 x 53.0cm mixed media |
|  | 20P | 72.7 x 53.0cm mixed media |
|  | 30M | 90.9 x 60.6cm mixed media |
|  | 50P | 116.8 x 80.3cm mixed media |
|  | 20P | 72.7 x 53.0cm mixed media |
|  | 12P | 60.6 x 45.5cm mixed media |
|  | 12P | 60.6 x 45.5cm mixed media |

| 교 구 | 지 역 (산) | 그림에 들어간 공소 |
|---|---|---|
| 대구대교구 | 울릉군 울릉도<br>(깃대봉) | 울릉도(태하, 현포) |
| 대구대교구 | 칠곡군 | 왜관 가실성당 |
| 대전교구 | 당진시, 예산군 | 당진(면천, 백석, 삼봉, 상리, 새터, 세거리, 세류리, 신촌리, 원머리, 원치리, 음섬, 하흑), 예산(양촌) |
| 대전교구 | 서산시, 홍성군<br>(용봉산) | 서산(상홍리), 홍성(구정리) |
| 대전교구 | 공주시, 조치원읍<br>(계룡산) | 공주(사기점골, 사랑골, 요골, 정안), 조치원(노송) |
| 대전교구 | 논산시, 부여군<br>(대둔산) | 논산(갈매울, 마전, 상월, 은진), 부여(만수리, 용당리) |
| 마산교구 | 남해군, 통영시 사량도<br>(금산, 사량도지리산) | 남해(미조, 은점), 사량도(사량) |
| 마산교구 | 거제시, 진주시, 통영시, 하동군, 함안군 | 거제(가배, 두동, 산달, 율포, 탑포, 학동), 진주(사봉), 통영(황리), 하동(북천, 영신), 함안(장암) |

| 그림 | 호수 | 크기, 재료 |
|---|---|---|
|  | 20P | 72.7 x 53.0cm mixed media |
|  | 50P | 116.8 x 80.3cm mixed media |
|  | 80P | 145.5 x 97.0cm mixed media |
|  | 12P | 60.6 x 45.5cm mixed media |
|  | 20P | 72.7 x 53.0cm mixed media |
|  | 20F | 72.7 x 60.6cm mixed media |
|  | 20P | 72.7 x 53.0cm mixed media |
|  | 30F | 90.9 x 72.7cm mixed media |

| 교 구 | 지 역 (산) | 그림에 들어간 공소 |
|---|---|---|
| 마산교구 | 거창군, 합천군<br>(남덕유산, 자굴산) | 거창(신원),<br>합천(삼가, 쌍백, 야로) |
| 마산교구 | 산청군, 함양군<br>(지리산) | 산청(상중, 생초, 예성),<br>함양(공배, 문정) |
| 부산교구 | 밀양시, 울주군<br>(가지산, 영축산) | 밀양(남산, 무안),<br>울주(살티, 순정, 하선필) |
| 안동교구 | 상주시 | 상주(낙동, 남적, 모서, 성심, 신상,<br>아천(감바우), 용포, 청리, 화동) |
| 안동교구 | 문경시<br>(소백산) | 문경(당포, 동로, 신현) |
| 안동교구 | 봉화군, 영양군, 의성군<br>(주왕산, 청량산) | 봉화(갱화, 재산),<br>영양(입암, 청기), 의성(신락, 쌍호) |
| 원주교구 | 원주시, 제천시<br>(치악산) | 원주(귀래, 대안리, 황둔, 후리사),<br>제천(학산) |

| 그 림 | 호 수 | 크기, 재료 |
|---|---|---|
|  | 20P | 72.7 x 53.0cm mixed media |
|  | 30P | 90.9 x 65.1cm mixed media |
|  | 20P | 72.7 x 53.0cm mixed media |
|  | 30P | 90.9 x 65.1cm mixed media |
|  | 10F | 53.0 x 45.5cm mixed media |
|  | 30P | 90.9 x 65.1cm mixed media |
|  | 30P | 90.9 x 65.1cm mixed media |

| 교 구 | 지 역 (산) | 그림에 들어간 공소 |
|---|---|---|
| 원주교구 | 동해시, 삼척시, 정선군<br>(두타산, 태백산) | 동해(삼화), 삼척(근덕), 정선(남평) |
| 원주교구 | 횡성군<br>(치악산) | 횡성(금대, 오상골, 창촌, 추동) |
| 의정부교구 | 연천군, 파주시<br>(감악산, 심학산) | 연천(대광리),<br>파주(갈곡리, 장파리, 주내) |
| 전주교구 | 진안군<br>(마이산) | 진안(봉암, 부귀, 수항, 소토실,<br>어은동, 장재동, 평촌) |
| 전주교구 | 진안군<br>(마이산) | 진안(한들) |
| 전주교구 | 무주군, 장수군<br>(덕유산) | 무주(무풍, 설천, 철목),<br>장수(번암, 수분, 하동) |
| 전주교구 | 김제시, 완주군, 익산시, 임실군<br>(모악산) | 김제(백자, 신암, 용지),<br>완주(되재, 미남, 백석, 수청),<br>익산(월성, 익산, 삼기, 석동, 신등),<br>임실(신전) |

| 그 림 | 호 수 | 크기, 재료 |
|---|---|---|
|  | 12P | 60.6 x 45.5cm mixed media |
|  | 20P | 72.7 x 53.0cm mixed media |
|  | 30M | 90.9 x 60.6cm mixed media |
|  | 50P | 116.8 x 80.3cm mixed media |
|  | 50P | 116.8 x 80.3cm mixed media |
|  | 12P | 60.6 x 45.5cm mixed media |
|  | 30P | 90.9 x 65.1cm mixed media |

| 교 구 | 지 역 (산) | 그림에 들어간 공소 |
|---|---|---|
| 전주교구 | 순창군, 정읍시<br>(내장산) | 순창(쌍치),<br>정읍(능교, 동막, 등천, 신기,<br>신성, 종산, 태인) |
| 전주교구 | 고창군, 부안군<br>(변산, 선운산) | 고창(신광, 심원),<br>부안(돈지, 마포, 창북) |
| 제주교구 | 서귀포시, 제주시<br>(한라산, 백두산) | 서귀포(마라도, 화순),<br>제주(세화, 조수, 청수) |
| 제주교구 | 제주시 추자도<br>(나바론 하늘길) | 추자도(추자) |
| 청주교구 | 음성군 | 음성(덕생, 문촌, 보천, 봉암, 상평,<br>쌍봉, 소이, 유포리) |
| 청주교구 | 충주시<br>(월악산) | 충주(모남, 수상, 능암, 영죽, 샘말, 산척) |
| 청주교구 | 보은군, 진천군,<br>청주시, 충주시<br>(속리산) | 보은(회인), 진천(백곡, 새울, 초평),<br>청주(문동, 비룡, 사곡, 지게바위),<br>충주(가흥) |

| 그 림 | 호 수 | 크기, 재료 |
|---|---|---|
|  | 100M | 162.2 x 97.0cm mixed media |
|  | 20P | 72.7 x 53.0cm mixed media |
|  | 100P | 162.2 x 112.1cm mixed media |
|  | 10F | 53.0 x 45.5cm mixed media |
|  | 30P | 90.9 x 65.1cm mixed media |
|  | 20F | 72.7 x 60.6cm mixed media |
|  | 30P | 90.9 x 65.1cm mixed media |

| 교 구 | 지 역 (산) | 그림에 들어간 공소 |
|---|---|---|
| 춘천교구 | 철원군, 포천시<br>(운악산) | 철원(대마리, 마현, 문혜),<br>포천(관인, 양문) |
| 춘천교구 | 춘천시, 화천군 | 춘천(곰실, 광판, 실레마을),<br>화천(오음리) |
| 춘천교구 | 강릉시, 고성군,<br>양구군, 인제군<br>(설악산, 오대산) | 강릉(행정),<br>고성(교암, 학야리),<br>양구(남면), 인제(천도리) |
| 기타 | 공소후기 | |

| 그림 | 호 수 | 크기, 재료 |
|---|---|---|
|  | 20P | 72.7 x 53.0cm mixed media |
|  | 12P | 60.6 x 45.5cm mixed media |
|  | 30P | 90.9 x 65.1cm mixed media |
|  | 30P | 90.9 x 65.1cm mixed media |

# | 펜드로잉 |

| 그림 | 지역 |
| --- | --- |
|  | 대구대교구_고령군, 구미시,<br>김천시, 성주군<br>(가야산) |
|  | 대구대교구_경산시, 달성군,<br>대구광역시, 영천시<br>(팔공산) |
|  | 대구대교구_청도군<br>(비슬산) |
| 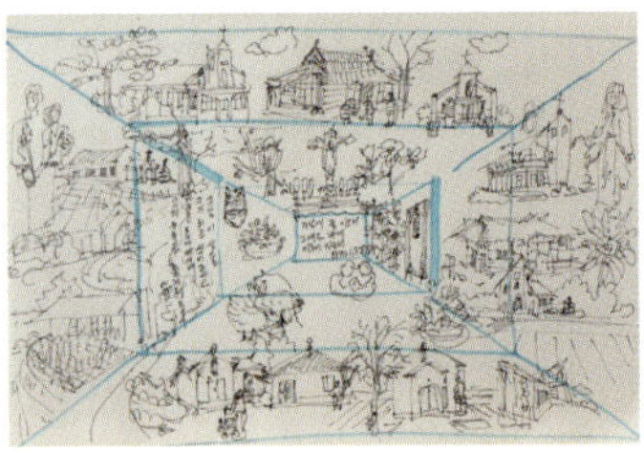 | 대전교구_당진시, 예산군 |
|  | 대전교구_서산시, 홍성군<br>(용봉산) |

| 그 림 | 지 역 |
| --- | --- |
|  | 대전교구_공주시, 조치원읍<br>(계룡산) |
|  | 대전교구_논산시, 부여군<br>(대둔산) |
|  | 원주교구_원주시, 제천시<br>(치악산) |
|  | 원주교구_동해시, 삼척시, 정선군<br>(두타산, 태백산) |
|  | 원주교구_횡성군<br>(치악산) |

| 그림 | 지역 |
|---|---|
|  | 전주교구_진안군<br>(마이산) |
|  | 전주교구_무주군, 장수군<br>(덕유산) |
|  | 전주교구_김제시, 완주군, 익산시, 임실군<br>(모악산) |
|  | 전주교구_순창군, 정읍시<br>(내장산) |
|  | 제주교구_서귀포시, 제주시<br>(한라산, 백두산) |

| 그림 | 지역 |
|---|---|
|  | 청주교구_음성군 |
|  | 청주교구_충주시<br>(월악산) |
|  | 청주교구_보은군, 진천군,<br>청주시, 충주시<br>(속리산) |
|  | 춘천교구_철원군, 포천시<br>(운악산) |
|  | 춘천교구_춘천시, 화천군 |

## 참고도서 및 사이트


김성태.『나는 씨앗입니다』 책밥상 2020

김한얼.『공소』 도서출판 으뜸사랑 2014

윤영선.『성당을 그리다』 인터웰 2015

윤영선.『성당을 새기다』 미디어북 2016

윤영선.『성지를 담다』 미디어북 2018

천주교 광주대교구 사목국.『공소이야기』 천주교 광주대교구 사목국 2015

천주교 대전교구 조치원성당 노성공소.『노송공소100년사』 마이애드 2006

천주교 서울대교구 가톨릭사진가회.『한국천주교회의 뿌리 공소』 가톨릭출판사 2018

한국교회사연구소.『회장』 한국교회사연구소 2006

한국순례문화연구원.『보시니 참 좋더라』 전주국제성물박람회추진위원회 2011

한국민족문화대백과사전. 네이버 지식백과
https://terms.naver.com/entry.nhn?docId=523577&cid=46646&categoryId=46646

세계미술용어사전. 1999. 월간미술. 네이버 지식백과
https://terms.naver.com/entry.nhn?docId=895316&cid=42642&categoryId=42642

# 공소에 스미다

초판인쇄 2021년 7월 12일
초판발행 2021년 7월 26일

지 은 이 윤영선
교 정 백지민, 이호 요셉 신부
표지제목 류연복
작품촬영 인효석

발 행 인 정상훈
디 자 인 신아름
펴 낸 곳 미디어북

서울특별시 관악구 봉천로 472
코업레지던스 B1층 102호 고시계사

대 표 817-2400 팩 스 817-8998
考試界 · 고시계사 · 미디어북 817-0418~9
www.gosi-law.com

판 매 처 考試界社
주문전화 817-2400
주문팩스 817-8998

저자와 협의하여 인지는 생략합니다.



정가 35,000원 ISBN 979-11-89888-18-3 03230

미디어북은 考試界社 자매회사입니다